2024
リニューアル
対応

文部科学省後援

英検®準1級

8日間で
一気に合格！

総合
問題集

音声DL
付き

植田一三 編著

岩間琢磨／
上田敏子／
中坂あき子 著

英検®は公益財団法人
日本英語検定協会の登録商標です。

プロローグ

　英検準1級は、さまざまな英語の技能を評価する充実したバランスの取れた素晴らしい検定試験です。

　まず語彙問題では、英字誌をはじめとするさまざまな文献を読んで内容を理解するのに最低必要な「**7000語水準の語彙力**」があるかどうかがテストされます。次にリスニング問題では、会話、ニュース、ドキュメンタリー、館内放送などさまざまな英語を聞き取るリスニング力が、リーディング問題では、時事的な英文記事やアカデミックな英文を読解する力を試されます。また、ライティング問題では、社会問題を分析してそれについて自分の意見を書く能力が、二次試験のスピーキング問題では、英語でさまざまな状況を描写したり、社会問題について意見を述べることのできる力が評価されます。

　英検準1級にパスすることが重要である理由は、準1級合格レベルが、英語の勉強をゼロからはじめて、英語を自由自在に使いこなすまでの中間地点にあり、その域に達することができれば、英語の学習効率がどんどんと UP していくからです。つまり、英検2級レベルでは届かなかった英語放送をエンジョイし始めたり、それほど難しくなければ洋書洋雑誌を辞書なしで読めるようになり、ライティングやスピーキングも段々と正確になり、こなせるようになってくるからです。

　ではどうすれば最短距離で準1級合格レベルの英語力に達することができるのでしょうか。

　過去問題集を何回か解いたが合格ラインのスコアに達しない人は、「**英語体力**」が準1級水準に至っていません。それを伸ばすための3大要素とは次のとおりです。

> ① 効果的でシステマティックなボキャブラリービルディングをする。
> ②社会問題に興味を持ち、自分の意見を英語で論理的に述べられるようにする。
> ③NHK のラジオ英語番組やテレビドラマや英語ニュースなどの生の英語を毎日視聴する。

次に、合格するためのスコアは、語彙問題は最低 16 問正解し、読解とリスニング問題は 7 割ぐらい正解する必要があります。またライティングは 16 点満点中（内容・構成・語彙・文法の各 4 点）12 点を取る必要があります。しかし、高校での英語学習を経て、2 級に合格するレベルの大半の英語学習者にとって、どのセクションも 7 割以上取ることは非常にチャレンジングです。

　こういったことを踏まえて、準 1 級に合格するための勉強方法と所要時間を具体的に見てみると、次のようになります。

◎英検準 1 級合格への勉強方法と所要時間とは！？

1. 語彙問題対策は、本書を通してのボキャビルの他に、2 級単語の漏れをなくすと同時に、『英検準 1 級☆必ず出る単スピードマスター』（J リサーチ）などで、**5000 から 7000 語水準の一般語彙、必須時事単語、句動詞をマスター**する。1 日平均 30 分（歩きながらや電車に乗ったときにその Track を聞いて復習すると効果倍増）。

2. リスニング問題対策は、本書で攻略法を学び、対策問題集をやると同時に、NHK ラジオ番組（B2 レベル）を聞く。1 日平均 30 分。

3. 読解問題対策は、本書で攻略法を学び、過去の英検問題最低 10 回分を解く。

4. エッセイライティング問題対策は、各 20 本ぐらいを書いて添削を受ける。1 日平均 30 ～ 40 分。

このように 1 日約 2 時間をほぼ 1 カ月システマチックかつインテンシブに勉強すれば、GP1-5 や -4 ぐらいの人なら、準 1 級に合格できる可能性があります。

本書の 4 大特長

①語い問題対策は、準 1 級最重要語彙のみの選択肢で構成された練習問題と、巻末の「必須類語フレーズ 100」のカードによって、すき間時間を最大限に利用して語い力を一気に UP！

②句動詞問題対策は、準1級最重要句動詞のみの選択肢で構成された練習問題と、前置詞アプローチ句動詞習得法によって一気に必須句動詞をマスター！

③読解問題、リスニング問題対策は、問題パターンの徹底分析に基づく「必勝攻略法」を会得し、読解＆リスニング問題スコアを一気にUP

④エッセイ＆要約ライティング問題、二次試験対策は、「必勝ライティングフォーマット」を会得し、「素早く要点キャッチ→リフレーズ→論理的文章構築」力をUPし、「英文法・語法ミスTop10」を認識し、「英語の発想で論理的に発信できるようになるためのトレーニング」を行うことによって、ライティング＆スピーキングのスコアを一気にUP

　このような4つの特長を持った「スーパー英検準1級必勝対策本」をマスターし、一気に英検準1級に合格するだけでなく、合格後も1級へとステップUPされることを祈っています。と同時に、たとえ短期集中勉強によって合格できなくても、英語の勉強は英語のスキルUPだけではなく、視野を広げ（broaden your horizons）、異文化への洞察を深め（heighten one's cross-cultural awareness）、論理的思考力や問題解決力を高め（develop critical thinking abilities）、人間性を高め、根性を鍛え（build character and develop self-discipline）ていきます。そして何よりも、人生にチャレンジと生きがいを与え、人生を豊かにします（self-fulfilling and soul-enriching）。

　最後に、本書の制作にあたり、惜しみない努力をしてくれたアスパイアスタッフの岩間琢磨氏（語彙・読解・リスニング担当）、中坂あき子氏（ライティング・面接担当）、上田敏子氏（読解・リスニング・全体企画・校正担当）、および明日香出版社の藤田知子氏には、心からの感謝の意を表したいと思います。そして何よりも、我々の努力の結晶である著書を愛読して下さる読者の皆さんには心からお礼申し上げます。

　　　それでは皆さん、明日に向かって英悟の道を―
　　　Let's enjoy the process!（陽は必ず昇る）Good luck!
　　　植田一三（Ichay Ueda）

目次

プロローグ

本書の4大特長

0日目 英検について知ろう 11

新しくなった英検とは？ *12*

英検 S-CBT とは

進学・留学に役立つ英検 *14*

大学入試に役立つ英検

海外留学に役立つ英検

高校入試にも英検を採用

英検 CSE スコアとは !? *17*

試験内容 *18*

1日目 語い＆英文法 19

語彙問題攻略トレーニング *20*

ボキャブラリーパワー UP 動詞問題①にチャレンジ！

必須類語グループ Top100 をマスター！ *25*

ボキャブラリーパワー UP 動詞問題②にチャレンジ！

必須類語グループ Top100 をマスター！ *30*

ボキャブラリーパワー UP 形容詞問題①にチャレンジ！

準1級最重要語をコロケーションで一気にマスター！ *35*

ボキャブラリーパワー UP 形容詞問題②にチャレンジ！

準1級最重要語をコロケーションで一気にマスター！ *40*

ボキャブラリーパワー UP 名詞問題①にチャレンジ！

ボキャブラリーパワー UP 名詞問題②にチャレンジ！

ボキャブラリーパワー UP 時事問題①にチャレンジ！

ボキャブラリーパワー UP 時事問題②にチャレンジ！

2日目 基本動詞・句動詞 51

句動詞パワー UP 問題①にチャレンジ！

前置詞グループで必須句動詞を一気にマスター！ *55*

On の必須句動詞を完全マスター！

Off の必須句動詞を完全マスター！
Up の必須句動詞を完全マスター！
句動詞パワー UP 問題②にチャレンジ！
Down の必須句動詞を完全マスター！
In の必須句動詞を完全マスター！
Out の必須句動詞を完全マスター！
句動詞パワー UP 問題③にチャレンジ！
Over の必須句動詞を完全マスター！
With の必須句動詞を完全マスター！
For の必須句動詞を完全マスター！
句動詞パワー UP 問題④にチャレンジ！
その他の必須句動詞を完全マスター！

3日目 長文読解①空所補充 73

読解問題の攻略法をマスター！	74
空所補充型問題攻略法はこれだ！	76
空所補充型問題の出題傾向はこれだ！	78
空所補充型問題２大正解パターンはこれだ！	80
「順接」を表す必須ディスコースマーカーはこれだ！	82
「逆接」を表す必須ディスコースマーカーはこれだ！	84
空所補充型模擬テストにチャレンジ！①	86
読解問題対策必須「文化」語彙をマスター！	
空所補充型模擬テストにチャレンジ！②	92
読解問題対策必須「経済・金融」語彙をマスター！	
読解問題対策必須「ビジネス・オフィス」語彙をマスター！	
空所補充型長文模擬テストにチャレンジ！③	100

4日目 長文読解②内容一致 105

内容一致型問題攻略法	106
1．「内容一致型問題の３つの正解パターン」をマスター！	
2．内容一致問題　ディストラクター（誤答）に注意！	
内容一致型の出題傾向	113
内容一致型問題模擬テストにチャレンジ！①	116

読解問題対策必須「環境問題」語彙をマスター！

内容一致型問題模擬テストにチャレンジ！②   *124*

読解問題対策必須「社会問題」語彙をマスター！

読解問題対策必須「政治」語彙をマスター！

内容一致型問題模擬テストにチャレンジ！③   *132*

5日目   **リスニング①対話型**   141

英検準１級のリスニング問題とは？   *142*

対話型リスニング問題を大解剖！   *143*

対話型リスニング問題攻略法   *145*

全般的な対話型リスニング問題攻略法

選択肢パターンから「問題・答え」を予測！

対話型リスニング　正答パターンはこれだ！   *146*

対話型リスニング問題「(imply 型)   *149*

「行間読み」トレーニングにチャレンジ！   *149*

対話型リスニング問題はこれだ！①友人同士   *155*

対話型リスニング問題はこれだ！②店員との会話   *157*

対話型リスニング模擬問題にチャレンジ！   *159*

6日目   **リスニング②パッセージ型・リアルライフ型**   173

パッセージ型リスニング問題を大解剖！   *174*

パッセージ型リスニング問題攻略法   *177*

《 選択肢から問題予測 》トレーニングにチャレンジ！   *180*

パッセージ型リスニング問題はこれだ！   *183*

パッセージ型リスニング模擬問題にチャレンジ！   *186*

リスニング問題必須「教育」語彙をマスター！

リスニング問題対策必須「スペースサイエンス」語彙をマスター！

リスニング問題対策必須「テクノロジー」語彙をマスター！

リアルライフ型リスニング問題を大解剖！   *203*

リアルライフ型リスニング問題攻略法   *204*

リアルライフ型リスニング　必須質問表現はこれだ！

正答パターンは「類語・言い換え」が最も多い！

リアルライフ型リスニング問題はこれだ！　　　210

リアルライフ型リスニング模擬問題にチャレンジ！　　　212

リアルライフ型リスニング問題必須「交通・観光」語彙をマスター！
リアルライフ型リスニング問題必須「生活・スポーツ」語彙をマスター！

7日目　ライティング　　　223

ライティング問題はこう変わる！　　　224

＜意見論述＞ライティング必勝攻略法　　　227

よくあるアーギュメントに関するミス Top 4　　　230

＜要約文＞ライティング必勝攻略！　　　232

要約文ライティングトレーニング　　　234

1本目柱　完成トレーニング例題
2本目柱　完成トレーニング例題

よくある文法・語法のミス Top 10　　　236

意見論述ライティング模擬問題にチャレンジ！①　　　238

意見論述ライティング模擬問題にチャレンジ！②　　　242

要約ライティング模擬問題にチャレンジ！　　　247

8日目　二次試験面接　　　255

面接シミュレーション　　　256

評価される項目と配点　　　259

過去の出題傾向はこれだ！　　　260

4コマ漫画トピック
社会問題出題トピック

面接で試される力　　　261

二次試験面接問題の攻略法　　　263

面接模擬問題にチャレンジ！　　　265

音声ダウンロードについて

□収録内容①　一次試験　リスニング問題

・実際の試験と同じスピードで収録　→本番の感覚がつかめる！

・解答時間を１割短く設定　→より集中して短時間で解く練習に！

・収録されている英文は、本文中にも掲載　→聞き取れない箇所を確認できる！

□収録内容②　二次試験　面接問題

・モデルナレーションを収録　→本番をイメージできる！

※収録箇所は「track1」「track2」のように表記してあります。

本書の音声は、下記で聞くことができます。

1.【ASUKALA】アプリを携帯端末にダウンロード

　下記にアクセスして日香出版社音声再生アプリ【ASUKALA】をインストールすると、ダウンロードした音声がいつでもすぐに再生でき、音声の速度を変えられるなど学習しやすいのでおすすめです。

（無料です。個人情報の入力は必要ありません）

2.音声データをダウンロード

　ASUKALA アプリから、『英検準１級　８日間で一気に合格』音声データ（mp3 形式）をダウンロードして聞いてください。

　ダウンロードパスワードは、下記のとおりです。

【２３２７１】

ASUKALA アプリのご利用を推奨しておりますが、お持ちのパソコンや携帯端末の音楽アプリでダウンロードしたデータを聞くこともできます。パソコンや携帯端末のブラウザから、前ページの QR コードから弊社サイトにアクセスしてください。「一括ダウンロード」で圧縮ファイルを入手できます。音声ファイルは、一括した圧縮ファイルをダウンロードした後に解凍してお使いください。
音声の再生には、mp3 ファイルを再生できる機器などが必要です。ご使用の機器、音声再生ソフトなどに関する技術的なご質問は、ハードメーカーもしくはソフトメーカーにお願いします。

動画サポートについて

著者・植田先生のプレゼント動画を無料視聴できます。

各章はじめの QR コードから、リンク先に移動してご視聴ください。

※音声ダウンロードサービス、動画サポートサービスは予告なく終了することがあります。

英検について知ろう

新しくなった英検とは？

　英検の試験方式が、2018年度から大きく変わりました。新たに導入された「**英検CBT**」「**英検S-CBT**」「**英検S-Interview**」の3つの「新方式」に、これまで通りの「従来型」英検を合わせると、4つの受験方式で実施されることになりました。

　「英検CBT」は2018年8月から始まった、4技能全てをコンピュータを使って受験する形式でしたが、2021年4月に「英検S-CBT」と統合しました。
　「英検S-CBT」はReading、Listening、Speakingはコンピュータを使用しますが、Writingのみ筆記試験も選べます。4技能全ての試験を1日で受験することができます。
　また、「英検S-Interview」は2日間にわたり、面接委員と対面式によるSpeakingの他の3技能はコンピュータを使用します。
　「従来型」の英検は、一次試験（Reading / Listening / Writing）の合格者のみが二次試験（Speaking）を受験できるのに対し、「新方式」では全受験者が4技能すべてを受験することができます。

┃英検実施概要┃ （最新情報は英検協会公式HPでご確認ください。）

項目		従来型	英検 S-CBT	英検 S-Interview
受験対象		制限なし	制限なし	障がいのある方
実施方式	Reading Listening	PBT	CBT	PBT
	Writing	PBT	PBT/CBT ※1	PBT
	Speaking	面接委員との対面式	コンピューターでの録音式	面接委員との対面式
実施回数		年3回	毎月実施	年3回

　＊PBT（papare based testing）：紙と筆記用具を使う従来の試験
　　CBT（computer-based testing）：コンピューターを利用して行う試験
　※1. PC上で問題を読み、手書きかキーボード入力で回答（要申請）

▶▶▶ 英検 S-CBT とは

英検 S-CBT（Computer Based Testing）はコンピューターを利用して受験し、毎週、土曜日日曜日に実施されています。当初、実施級は 2 級、準 2 級、3 級のみとされていましたが、2019 年 11 月からは準 1 級も加えられました。2024 年現在は各都道府県の会場で実施されており、今後順次拡大される予定です。

各級ごとに 1 日あるいは 2 回、午前と午後（一部の会場は「昼」を加え、1 日 3 回実施）に試験が実施されます。同一日程での複数級の受験も可能となっています。「従来型」の英検 3 回と「英検 CBT」6 回を組み合わせることで、同じ級を最大年に 9 回受けることができます。

「英検 S-CBT」は毎週実施されてはいますが、受験できるのは検定回ごとに 2 回のみです。第 1 回検定は 4〜7 月、第 2 回検定は 8〜11 月、第 3 回検定は 12〜3 月に実施されます。

問題構成は「従来型」の英検と同じですが、Speaking からはじめ、Reading、Listening、Writing の順に行われます。合否判定は、Reading、Listening、Writing の CSE スコアに基づき一次試験の合否が判定され、一次試験合格者のみ Speaking の CSE スコアに基づき二次試験の合否を判定します。

一次試験合否に関わらず、すべての受験者が 4 技能を受験し、4 技能の CSE スコアを取得できます。技能別スコアの結果はもちろん合格級が認定されれば、英語力を証明することができ、大学入試でも活用できます。

進学・留学に役立つ英検

▶▶▶ 大学入試に役立つ英検

◎大学入試の外部試験として導入！

　大学入試の英語教科に代わる試験として重要視されている外部検定ですが、すでに国公立・私立を問わず、多くの大学で導入されています。2024年度の一般入試で外部検定を利用した大学は460を上回りました。

　外部検定はTOEICやTOEFLを含め複数ありますが、その中でも英検はトップで、入試英語での採用率は90%以上にのぼりました。また、最近の傾向として、大学側が英検の取得級に加え、英検CSEスコアの得点を重視し、さまざまな方式で英語の「読む・聞く・話す・書く」の4技能を評価しています。

◎一般入試にも有利！

　国公立大学の一般入試では、鹿児島大と国際教養大が全学部を対象に、準1級取得でセンター試験の英語教科の得点を満点とみなす制度を導入しています。

　国公立大学に比べると、私立大学は英語資格保持者に対し複数の選択肢を設けています。私立大学の一般入試ではまず、大学独自の試験か、センター試験のどちらを利用するかに分かれます。その次に、出願資格、英検CSEスコアに応じた段階的な得点換算（最高得点は満点換算）、大学独自の試験免除など、保持する英検の級やCSEスコアの汎用性が広がります。

◎入学後の優遇措置となる！

　さらに大学入学後の優遇措置として、宮崎国際大、長崎国際大、上武大（4年間全額）などは準1級で授業料が全額免除されるほか、お茶の水女子大、広島大などでは、履修科目の英語の4単位として認定されます。

　もはや英検準1級は入試に有利なだけでなく、入学後の授業を先取りできるという点でも、大学生になるためのパスポートといっても過言ではないでしょう。

大学名	学部・学科	入試方式	英検準 I 級の利用方法
東京藝術大学	音楽・作曲 / 声楽ほか	共テ前期	英語教科の満点換算
青山学院大学	国際政治経済・ 国際政治 / 国際 コミュニケー ション	一般	出願資格
学習院大学	国際社会科学・ 国際社会科学	一般 プラス試験 外部英語資格・ 検定利用	得点換算 150 点満点に対し、英検準 I 級、 CSE スコア 2304 点→130、 英検準 I 級、CSE スコア 2540 点→140 に換算
中央大学	経済 / 文 / 総合 政策 / 国際情報 理工 / 国際経営	一般 英語外部検定試 験利用	大学独自の英語試験免除 (経済は CSE スコア 1980 点以上、 国際情報は各技能 500 点以上か つ 2300 点以上が必要)
	法 / 商	特別 英語運用能力特 別試験	出願資格 準 I 級
明治大学	商・商	一般 英語 4 技能試験 利用	出願資格
	経営・経営 / 会 計 / 公共経営	上記と同じ 合格級ではなく CSE スコアで判 定	試験免除 CSE スコア 2200 点(各 4 技能 530 点以上)で英語試験免除 加点 CSE スコア 2467 点(各 4 技能 570 点以上)で 20 ～ 30 点を入 試総合得点に加点
	国際日本・国際日本	上記と同じ	外国語科目 200 点満点換算
立教大学	全学部	一般 共テの英語外部 試験利用制度	CSE スコア→R:514 点、L:541 点 W:489 点、S:407 点以上、I 点単 位で得点換算し、共テ英語得点 と比較して、いずれか高得点な 方で合否判定
	経営学部・国 際経営 / 異文化コミュ ニケーション・ 異文化コミュ ニケーション	グローバル方式	出願資格 準 I 級以上

大学名	学部・学科	入試方式	英検準1級の利用方法
早稲田大学	文化構想・文化構想 / 文・文 / 英 / 商学部 / 国際教養	一般 英語4技能テスト利用	出願資格 CSE スコア、 英検 S-Interview、 英検 S-CBT の各総合得点が2200点かつ各技能500点以上
立命館大学	全学部 （グローバル共用以外）	一般、共テ 英語資格試験特例	英語教科の満点換算
	国際関係	一般 IR方式の英語資格試験利用型	英語教科の100点に換算

＊共テ：共通テスト

＊上記の内容は変更することがありますので、必ず各大学の入試要項をご確認ください。

▶▶▶ 海外留学に役立つ英検

　英検は海外留学する際の語学力証明資格として使うことができます。

　現在、アメリカ・カナダなどの約400大学・カレッジ、オーストラリアでは5州の州立高校全校が留学時の語学力証明として英検を認定しています。アメリカの4年制大学留学に求められるのが、準1級レベルの英語力だといわれています。具体的な英検認定校は英検のウェブサイトで確認することができます。

　英検を留学に活用する場合、有効期限は合格証明書発行日から2年間となっています。求められる級は各校により定められており、英検留学情報センターで調べてもらうことができます。英検のウェブサイト内に「海外留学の準備」のページがあり、詳細を確認することができます。

▶▶▶ 高校入試にも英検を採用

　近年、大学入試に限らず高校入試の評価基準として英検が導入されつつあります。高校受験を控えている中学生にとっても、英検は進学に大いに役立つ資

格といえます。

　例えば、大阪府教育委員会は府立高校入学者選抜で学力検査の「英語」を評価する際、外部機関が認証した英語力判定のスコア等を活用しています。英検のスコアを一定の得点率に応じて換算した得点と当日実施した学力検査の「英語」の得点とを比較し、高い方の得点で受験者を最終的に評価しています。英検準1級および1級は100%の読み替え得点率とされています。また、東京家政学院高等学校（東京都）は、一般入試を受ける準1級以上の有資格者には入学金および授業料が全額免除されます。

英検 CSE スコアとは !?

　英検の成績表には各級の合否に加えて英検 CSE スコアが表示されます。Reading、Listening、Speaking、Writing の4技能それぞれのスコアとトータルスコアが表示されます。

　技能ごとに問題数が違いますが、各技能にスコアを均等に配分しているので、1問あたりのスコアへの影響は異なります。ただし、同じ技能の問題であれば、どの問題で正解してもスコアへの影響は同じです。技能ごとに数値化されたスコアは一目瞭然で、さらに合格基準スコアは毎回固定されているので、違う回に同じ級を受験した結果や同じ回に別々の級を受験した結果も比較しやすくなっています。

　準1級の合格基準スコアは、Reading、Listening、Writing を合わせて1792となっており、各技能でバランスよく得点することが要求されます。2016年度第1回一次試験では、各技能での正答率が7割程度の受験者が合格しています。

4技能	満点スコア	合格基準スコア
Reading	750	**1792**
Listening	750	
Writing	750	
Speaking	750	**512**
合　計	3,000	**2304**

試験内容

　一次試験は筆記(90分)とリスニング(約30分)からなります。まず、リーディングには、短文の語句空所補充（25問）、長文の語句空所補充（6問）、長文の内容一致選択（10問）の3タイプの設問があります。ライティングは指定されたトピックについての英作文（120語〜150語程度）と、英文を読んで要約する（60〜70語程度）記述方式です。内容・構成・語い・文法の4項目で採点されます。リスニングは会話の内容一致選択（12問）、説明文などの内容一致選択（12問)、アナウンスなどのリアルライフ形式の内容一致選択（5問）の3タイプがあります。

　なお、二次試験は面接形式のスピーキングテスト（約10分）で、1つのトピックについてのスピーチとそのトピックに関連した質問に答えます。

語い＆
英文法

一 気 に ス コ ア UP ！
短 期 集 中 ト レ ー ニ ン グ

１日目の動画をチェック！

QRコードをスキャンしよう！

語彙問題攻略トレーニング

　英検準1級の語彙問題は、国内の英字新聞や国内の英語ニュース放送などが辞書なしで大体わかる「5000語から7000語水準」の語彙の知識を問う問題が中心となっていますが、大学入試の4000〜5000語水準語彙さえもきちんと覚えていない人にとっては、なかなかハードルの高いものとなっています。

　しかし、この語彙セクションの出来栄えは、読解問題のスコア全体にも影響してくるので、効果的なボキャビルが重要です。そこで本章では、皆さんが英検準1級の語彙問題で合格水準に達するように、最も効果的で効率のいい語彙力UPトレーニングを行います。

　過去20年間の英検準1級の語彙問題分析によれば、問題で解答とならなかった選択肢の語彙が、将来語彙問題として出題されることがよくあります。にもかかわらず語彙問題対策として、過去問題集を数年分解いて間違った問題の単語を覚える人が多いようですが、10年以上過去問をやったとしても、正解になった語彙が再度出題される比率は2〜3割ぐらいしかありません。

　そこで正解だけでなく他の選択肢も同時に覚える努力が必要です。

　過去30年で選択肢として4回以上使われた語をまとめると次のようになります。

　まず7回以上では、準1級必須の5000語から6000語水準語彙が中心で、次の太字のような時事英語頻出語彙が多く見られます（その単語の派生語も出題されます）。

7回以上選択肢に使われた語

abolish, confine(confinement), credible(credibility), conform(conformity), conceal, coincide(coincidence), congestion, clarify(clarity), dismiss, enroll(enrollment), enhance, exclusive, endorse, eliminate, mediate, suspend(suspension), spacious, redundant, tolerate(tolerance,tolerable)

　6回以上では、modify, subtle, surpass, withdraw, tranquil, thrive, indulge, disguise のような英検2級単語から、準1級必須の5000語から6000語水準語が中心となってきます。

6 回以上選択肢に使われた語

yield, withdraw, vigorous, tranquil, thrive, surpass, subtle, skeptical, simulate, provoke, prompt, modify, literally(literacy), integrate(integral), innovative, infinite(infinity), indulge(indulgent), fragile, evacuate, enforce, elevate, disguise, demote, deliberate, dedicate(dedication), condemn, cherish, betray(betrayal)

　さらに5回以上になってくると、compel, calamity, dreadful, presume,restrain, resent, eloquent のような高度な大学入試語彙から、allege, amenity, erupt, hazard, deduct, expire, exhaust, exempt, refuge(refugee), subscribe,uphold の ような時事英語頻出語彙が多く見られます（その単語の派生語も出題されま す）。

5 回以上選択肢に使われた語

allege, amenity, courteous, corruption, compliment, compel, coherent, classify, calamity, duplicate, dubious, dreadful, distress, disclose, disposal(disposable), dispatch, discreet(discretion), diminish, detach, defect(defective), deduct, expire, exhaust, exempt, exceed, erupt, embrace, eloquent, fragrant, formulate, hinder, hazard, intrude, intensify, infectious, impair, justify, oppressive, punctual, proclaim, presume, penetrate, restrain, resent, refuge(refugee), redeem, reconcile, subscribe, sturdy, terminate, vulnerable, vicious, uphold

　そして4回以上になってくると、authentic, affluent, blunt, crucial, concede, divert, distort, intimidate, intact, immerse, mingle, relevant, reckless, recede, tempt, weary のような最難関大学入試6000語レベルからそれを越える7000 語水準語彙と、agenda, brisk, drastic, overhaul のような時事英語頻出語彙が多 く見られます。

4 回以上選択肢に使われた語

authentic, amplify, agenda, affluent, adhere, abrupt, brisk, bribe, breakthrough, blunt, crucial, contend, contaminate, consecutive, concede, compulsory, commute, chronic, chronological, drastic, divert, distort, disrupt, discharge, devastate, detention, designate, depict, demolish, deficient, evaporate, elaborate, friction, foster, feeble, feasible, fatality, heritage, hectic, invalid, intimidate, intact, impulsive, immerse, liability, lenient, legible, mingle, merge, overhaul, obsolete, prevail, preoccupy, petition, persistent, pathetic, riot, revolt, retrieve, retreat, resume, remedy, relevant, reckless, recede, surplus, superficial, summon, serene, sanitary, unanimous, trespass, token, testimony, tempt, weary

　いかがですか。大体の単語の意味がわかりますか。
　こういった分析プラス、読解やリスニング問題によく使われる重要語彙を考慮に入れて、準1級の語彙問題の英単語を最も重要なものだけ厳選すると準1級必須語は約1000語になります。それを試験までの時間に応じて、上位から頻度順に覚えていくのが最も効率のいい準1級対策勉強方法です。
　中でも最重要の頻度1 ★★★★ (1—200語)、頻度2 ★★★ (201－400語)、頻度3 ★★ (401－600語) をマスターすれば、語彙問題合格ラインの7割以上が楽に取れます。

　それでは今から最短距離ボキャビルトレーニングに参ります。
　まずは語彙問題にチャレンジしてみてください。ただし英検2級の語彙問題と違って、消去法では解けないようにすべて選択肢の語彙を同じ水準にしているので難しいかもしれません。でも選択肢の単語すべてを準1級必須語にしているので、解答だけでなくその他の選択肢も覚えれば学習効果は高くなります。それでは頑張って参りましょう！

(**1**) The doctor (　　　　) a new medicine for Jason.
　　1. discarded　　　**2**. stimulated　　**3**. prescribed　　**4**. exploited

(**2**) After a big earthquake, people are encouraged to (　　　) walls and roofs.
　　1. undergo　　　**2**. compel　　　**3**. allege　　　**4**. reinforce

(**3**) At the meeting, the CEO (　　　) a vision for the following year.
　　1. subscribed　　**2**. articulated　　**3**. preoccupied　**4**. mingled

(**4**) More and more students are (　　　　) in business-related courses.
　　1. luring　　　　**2**. enrolling　　**3**. expiring　　**4**. constituting

(**5**) Accepting foreign workers will (　　　　) the domestic economy.
　　1. conspire　　　**2**. humiliate　　**3**. boost　　　**4**. portray

(**6**) The strict manager will not (　　　) any excuse.
　　1. seize　　　　**2**. resent　　　**3**. tolerate　　**4**. pamper

(**7**) He has always (　　　) the watch which his wife gave him.
　　1. distorted　　**2**. modified　　**3**. circulated　**4**. cherished

(**8**) People in the town (　　　) the new museum will attract tourists.
　　1. verify　　　　**2**. presume　　**3**. penalize　　**4**. distract

(**9**) The government (　　　) fines on those who smoke while walking.
　　1. imposes　　　**2**. withers　　　**3**. provokes　　**4**. glares

(**10**) A: Did the inspector point out any problems?
　　B: Yes. He said some parts had failed to (　　　) to the standard.
　　1. conform　　　**2**. intrude　　　**3**. contradict　**4**. embrace

ボキャブラリーパワー UP 動詞 ① 解答

(1) 解答 **3**. prescribed 🈠 医者は Jason に新薬を**処方した**。

1. 捨てた **2**. 刺激した **3**. 処方した **4**. 搾取した

(2) 解答 **4**. reinforce 🈠 大地震の後、壁や屋根を**強化する**ことが奨励されている。

1. 経験する **2**. 強制する **3**. 断言する **4**. 強化する

(3) 解答 **2**. articulated 🈠 会議において、CEO は翌年の展望について**明確に述べた**。

1. 購読した **2**. 明確に述べた **3**. 夢中にさせた **4**. 混ざった

(4) 解答 **2**. enrolling 🈠 ますます多くの生徒がビジネス関連のコースに**登録している**。

1. 魅了して **2**. 登録して **3**. 期限が切れて **4**. 構成して

(5) 解答 **3**. boost 🈠 外国人労働者の受け入れは、地元経済を**活性化する**だろう。

1. 共謀する **2**. 恥をかかせる **3**. 活性化する **4**. 描く

(6) 解答 **3**. tolerate 🈠 その厳しい部長はいかなる言い訳も**許容し**ない。

1. つかむ **2**. 不快に思う **3**. 許容する **4**. 甘やかす

(7) 解答 **4**. cherished 🈠 彼はいつも妻がくれた時計を**大切にしてきた**。

1. 歪めた **2**. 修正した **3**. 循環した **4**. 大切にした

(8) 解答 **2**. presume 🈠 町の人々は新しい博物館が旅行者を魅了すると**推測した**。

1. 立証する **2**. 推測する **3**. 罰する **4**. 気を散らす

(9) 解答 **1**. imposes 🈠 政府は歩行中にタバコを吸う人に罰金を**課している**。

1. 課す **2**. しぼむ **3**. 引き起こす **4**. ギラギラ光る

(10) 解答 **1**. conform 🈠 A: 検査官は何か問題を指摘しましたか？

B: はい。彼は一部の部品が基準を**満たして**いないと言いました。

1. 従う、満たす **2**. 侵入する **3**. 矛盾する **4**. 受け入れる

必須類語グループ Top100 をマスター！

★★★★ポジティブな意味の形容詞類語グループ 25	
☐ (agile, nimble) climbers	すばやい登山家
☐ (apparent, evident, manifest) failure	明らかな失敗
☐ (ardent, passionate, enthusiastic) supporters	熱烈な支持者
☐ a (breathtaking, magnificent, splendid, spectacular) view	壮大な眺め
☐ a (brisk, booming, robust) economy	活況の経済
☐ a (cautious, prudent, discreet) businessperson	慎重な実業家
☐ a (charitable, benevolent, humane) attitude	慈悲深い振る舞い
☐ a (coherent, consistent, rational) argument	筋の通った意見
☐ a (n) (commendable, admirable, respectable) deed	あっぱれな行為
☐ an (ingenious, innovative) idea	創意工夫に富む考え
☐ a (n) (crucial, critical, vital, essential) role	重要な役割
☐ (devout, pious, dedicated) Christians	熱心なクリスチャン
☐ (docile, obedient) students	従順な生徒
☐ (eminent, prominent, renowned, distinguished) scholars	有名な学者
☐ a (feasible, viable, practicable) plan	実行可能な計画
☐ a (n) (engrossing, intriguing, diverting) book	おもしろい本
☐ a (majestic, dignified, commanding) manner	堂々とした態度
☐ a (n) (original, eccentric, distinctive) style	独特なスタイル
☐ (perceptive, acute, keen) analysts	賢いアナリスト
☐ (prompt, swift, speedy) action	敏速な活動
☐ (sanitary, hygienic) restaurants	衛生的なレストラン
☐ (invigorating, stimulating, rejuvenating) exercise	元気の出る運動
☐ a (substantial, staggering, striking, marked) growth	ものすごい成長
☐ (tenacious, strenuous, persevering) efforts	粘り強い努力
☐ a (n) (zealous, dedicated, committed, industrious) worker	熱心な労働者

☐ a (n)（absurd, ridiculous）idea	ばかげた考え
☐ an（ambiguous, evasive, obscure）answer	あいまいな返事
☐ a (n)（insolent, arrogant, impudent, haughty）attitude	横柄な態度
☐ a（bleak, dismal, gloomy）outlook	暗い見通し
☐（demanding, strenuous）work	きつい仕事
☐ a（humiliating, demeaning, mortifying）experience	屈辱的な経験
☐（capricious, fickle, changeable, whimsical）boyfriend	気紛れな恋人
☐（resentful, furious, enraged, indignant）protesters	怒った抗議者
☐ an（innate, inherent, intrinsic）ability	生まれつきの能力
☐ a（meager, scanty, shoestring）budget	乏しい予算
☐（obese, plump, stout, overweight）people	太った人々
☐（obsolete, outmoded, outdated）weapons	古くさい兵器
☐（ominous, sinister, evil）signs	不吉な前兆
☐（outrageous, shocking, wicked）crime	いまわしい犯罪
☐（candid, straightforward, outspoken）critics	率直な批判家
☐（discriminating, choosy, selective, fussy, picky）about clothes	服にうるさい
☐ a (n)（reserved, withdrawn, timid, unassertive）lady	内気な女性
☐ a（merciless, ruthless, heartless, cruel）dictator	非情な独裁者
☐ a（dreadful, scary, horrifying, horrid）story	恐ろしい話
☐ a（stagnant, sluggish）economy	不況の経済
☐（susceptible, vulnerable, impressionable）girls	多感な少女
☐ a（trifling, negligible, marginal）matter	取るに足らない事柄
☐ a（tyrannical, dictatorial, authoritarian）government	独裁政府
☐ an（unavoidable, inevitable）conclusion	必然的な結論
☐ a (n)（traumatic, agonizing, tormenting）experience	悲痛な経験

ardent supporters
熱烈な支持者

devout Christians
熱烈なクリスチャン

a ruthless dictator
非情な独裁者

どうしても覚えられない語いは
Google の画像検索で、各表現を入れて
picture を複数見ることで
単語をイメージ記憶
させましょう！

obsolete weapons
古くさい兵器

(1) He said I should buy the product but did not (　　　　) on the reason.
    1. displace   **2.** elaborate   **3.** initiate   **4.** foster

(2) Greg always (　　　　) his feelings in order to get along with others.
    1. suppresses   **2.** obliges   **3.** induces   **4.** exerts

(3) The president (　　　　) the conflict between the two countries.
    1. mediated   **2.** grazed   **3.** paralyzed   **4.** overthrew

(4) Drinking alcohol in public is strictly (　　　　) in the country.
    1. revoked   **2.** unfolded   **3.** sterilized   **4.** prohibited

(5) The president (　　　　) that he would not support the proposal.
    1. proclaimed   **2.** reassured   **3.** subsidized   **4.** yearned

(6) After the accident, Nina was (　　　　) to bed for nearly a month.
    1. influenced   **2.** mocked   **3.** classified   **4.** confined

(7) The company's new policy was (　　　　) in public last week.
    1. unveiled   **2.** insulated   **3.** encountered   **4.** conferred

(8) The two companies (　　　　) with each other to create a new product.
    1. blazed   **2.** collaborated   **3.** authorized   **4.** abstained

(9) The government decided to (　　　　) funds to local communities.
    1. radicalize   **2.** enforce   **3.** dignify   **4.** allocate

(10) A: Did you hear that Ms. Green has been arrested?
    B: Yes. I've heard she has been (　　　　) passports.
    1. extinguishing   **2.** impersonating   **3.** forging   **4.** mocking

ボキャブラリーパワー UP 動詞 ② 解答

(1) 解答 2. elaborate 訳 彼は私にその製品を買うべきだと言ったが理由は**言わ**なかった。

1. 取り替える **2.** 詳細を述べる **3.** 始める **4.** 育てる

(2) 解答 1. suppresses 訳 Greg は他者とうまくやるためにいつも自分の感情**を抑える**。

1. 抑える **2.** 義務づける **3.** 誘発する **4.** 行使する

(3) 解答 1. mediated 訳 大統領は 2 か国間の紛争**を仲裁した**。

1. 仲裁した **2.** 草を食べた **3.** 麻痺した **4.** 転覆させた

(4) 解答 4. prohibited 訳 公衆の場で酒を飲むことはその国では厳しく**禁止されている**。

1. 取り消された **2.** 開かれた **3.** 殺菌された **4.** 禁止された

(5) 解答 1. proclaimed 訳 社長はその提案を支持しないと**宣言した**。

1. 宣言した **2.** 安心させた **3.** 助成金を払った **4.** 切望した

(6) 解答 4. confined 訳 事故の後、Nina は 1 か月近く**床についていた**。

1. 影響された **2.** 真似された **3.** 分類された **4.** 制限された

(7) 解答 1. unveiled 訳 会社の新しい政策は先週、一般に**公開された**。

1. 明らかにされた **2.** 隔離された **3.** 出くわした **4.** 授与された

(8) 解答 2. collaborated 訳 2 社は新製品を作るために**協力した**。

1. 燃えさかった **2.** 協力した **3.** 権限を与えた **4.** 控えた

(9) 解答 4. allocate 訳 政府は資金を地元の共同体に**割り当てる**ことに決めた。

1. 急進的になる **2.** 強化する **3.** 威厳をつける **4.** 割り当てる

(10) 解答 3. forging 訳 A: Green 氏が逮捕されたって聞きましたか？

B: はい。彼女はパスポートを**偽造していた**と聞きました。

1. 消していた **2.** ふりをしていた **3.** 偽造していた **4.** バカにしていた

必須類語グループ Top100 をマスター！

★★★ポジティブな意味の動詞類語グループ 25	
□ (absorb, assimilate, soak up) knowledge	知識を**吸収する**
□ (alleviate, mitigate, soothe) my pain	痛みを**和らげる**
□ (allocate, allot) the money for the plan	その計画にお金を**割り当てる**
□ (alter, amend, modify, revise) the law	法律を**修正する**
□ (amass, accumulate) a fortune	財を**築く**
□ (solicit, plead with, appeal to) the king for mercy	国王に慈悲を**請う**
□ (commence, inaugurate) the ceremony	儀式を**始める**
□ (correct, remedy, rectify) the situation	事態を**改善する**
□ (depict, portray, represent) the birth of Venus	ビーナスの誕生を**描く**
□ (disseminate, circulate) the belief	説を**広める**
□ (distinguish, differentiate, discern) good from evil	善悪を**識別する**
□ (enact, enforce, implement) a law	法律を**制定する**
□ be (enchanted, fascinated, captivated) by the wonderful performance	素晴らしい演技に**魅了される**
□ a (flourishing, thriving, booming) industry	**繁栄**産業
□ (grapple, wrestle, contend) with the problem	その問題に**取り組む**
□ (harness, utilize, exploit) solar power	太陽エネルギー**を使う**
□ (reconcile, mediate, resolve) the dispute	紛争を**調停する**
□ (contemplate, meditate on) the matter	問題を**熟考する**
□ (ornament, adorn, embellish) a room with flowers	部屋を花で**飾る**
□ (redeem, retrieve, regain, recover) my honor	名誉を**挽回する**
□ (renovate, refurbish, remodel) the old building	古いビルを**改装する**
□ (stipulate, specify) the working conditions	労働条件を**規定する**
□ (supplant, displace, replace) the old system	旧制度に**取って代わる**
□ (surpass, exceed) the competitors	ライバルを**抜く**
□ a (wandering, roaming, rambling) traveler	**ぶらぶら歩く**旅行者

★★★ネガティブな意味の動詞類語グループ 25

☐ (revoke, repeal, abolish) the law　　　　　　　　　　　　　法律を**廃止する**

☐ (adjourn, postpone, delay) the meeting　　　　　　　　　　　会議を**延期する**

☐ be (denounced, condemned, censured) as a criminal 犯罪人として**非難される**

☐ (contaminate, pollute) the river with garbage　　　　　　川をゴミで**汚染する**

☐ (contend with, compete with) my rival　　　　　　　　　　ライバルと**競う**

☐ a (crumbling, disintegrating) organization　　　　　　　　**崩れて**いく組織

☐ (deteriorate, degenerate) into a recession　　　　　　　　　不況に**陥る**

☐ (deceive, delude, trick, beguile) him into buying the item

彼を**だまして**その商品を買わせる

☐ (deplore, mourn, lament) his death　　　　　　　　　　　彼の死を**悲しむ**

☐ (devastate, ravage, demolish) the town　　　　　　　　　　町を**破壊する**

☐ (disclose, expose, reveal) the secret　　　　　　　　　　　秘密を**暴露する**

☐ (dismantle, disassemble) an engine　　　　　　　　　　　エンジンを**解体する**

☐ (dwindling, diminishing, shrinking) resources　　　　　**減少する**資源

☐ (forge, fabricate) an alibi　　　　　　　　　　　　アリバイを**でっちあげる**

☐ (hamper, hinder, inhibit) the movement　　　　　　　　　動きを**妨げる**

☐ be (annoyed, plagued, tormented, harassed) by problems

問題に**悩まされる**

☐ (meddle in, interfere in) other people's business　　　他人事に**干渉する**

☐ (repress, suppress, contain, restrain) my anger　　　　　怒りを**抑える**

☐ be (secluded, insulated) from other people　　　他の人々から**隔離される**

☐ (pamper, spoil, indulge) a child　　　　　　　　　　子どもを**甘やかす**

☐ be (staggered, stunned, astonished) by the news　　その知らせに**仰天する**

☐ (tempt, seduce, entice, lure) someone into the business

人を**おだてて**その仕事をさせる

☐ (tinker, fiddle) with the machine　　　　　　　　　　機械を**いじくる**

☐ (trespass, infringe) on his rights　　　　　　　　　彼の権利を**侵害する**

☐ (topple, overthrow, overturn) the government　　　　　政府を**倒す**

☐ (undermine, impair) his health　　　　　　　　　　　健康を**損なう**

amass a fortune
財を築く

harness solar power
太陽エネルギーを使う

pamper a child
子供を甘やかす

overthrow the government
政府を倒す

(1) Although it seemed a(n) ( ) problem, it led to a serious accident.
　1. trivial 　　　　**2**. filthy 　　　　**3**. extravagant 　**4**. deceptive

(2) The hospital was ( ) because it had too many patients.
　1. cordial 　　　　**2**. clumsy 　　　　**3**. faint 　　　　**4**. chaotic

(3) Drinks containing lots of caffeine tend to be highly ( ).
　1. addictive 　　　　**2**. irrelevant 　　**3**. legitimate 　**4**. persistent

(4) The new fertilizer could restore ( ) land.
　1. consecutive 　　**2**. barren 　　　　**3**. feasible 　　**4**. intact

(5) They handled the ( ) sculpture extremely carefully.
　1. strenuous 　　　**2**. serene 　　　　**3**. frail 　　　　**4**. tedious

(6) The ( ) dictator was finally expelled from the country.
　1. notorious 　　　**2**. prevalent 　　**3**. perpetual 　　**4**. obscure

(7) Although the PC is sophisticated, it will be ( ) in a decade.
　1. superficial 　　**2**. prestigious 　**3**. obsolete 　　**4**. inherent

(8) The ( ) attitude to white-collar crime needs to be changed.
　1. lenient 　　　　**2**. stingy 　　　　**3**. transparent 　**4**. vigorous

(9) The competition in the market is getting increasingly ( ).
　1. invaluable 　　　**2**. fierce 　　　　**3**. eloquent 　　**4**. earnest

(10) A: The boss sometimes supports and sometimes opposes the plan.
　　　B: Yes. Her ( ) attitude won't make it work.
　1. inevitable 　　　**2**. explicit 　　　**3**. equivalent 　**4**. ambiguous

(1) 解答 **1**. trivial 訳 **些細な**問題に見えたが、深刻な事故につながった。

1. 些細な   **2**. 汚い   **3**. 法外な   **4**. 騙そうとする

(2) 解答 **4**. chaotic 訳 病院はあまりに多くの患者を抱えていたため**大混乱だった**。

1. 心のこもった   **2**. 不器用な   **3**. ぼんやりした   **4**. 大混乱の

(3) 解答 **1**. addictive 訳 カフェインが多い飲み物はとても**中毒性がある**傾向にある。

1. 中毒性がある   **2**. 無関係の   **3**. 合法の   **4**. 起こり続ける

(4) 解答 **2**. barren 訳 新しい肥料は**荒れた**土地を回復させる可能性がある。

1. 連続した   **2**. 荒れた   **3**. 達成可能な   **4**. 無傷の

(5) 解答 **3**. frail 訳 彼らは**脆い**彫刻を非常に注意深く扱った。

1. 力強い   **2**. 穏やかな   **3**. 脆い   **4**. 退屈な

(6) 解答 **1**. notorious 訳 その**悪名高い**独裁者はついに国から追放された。

1. 悪名高い   **2**. 普及している   **3**. 不朽の   **4**. 不明瞭な

(7) 解答 **3**. obsolete 訳 そのパソコンは高機能だが、10 年後は**時代遅れ**になるだろう。

1. 表面的な   **2**. 名声のある   **3**. 時代遅れの   **4**. 生来の

(8) 解答 **1**. lenient 訳 ホワイトカラー犯罪に対する**寛大な**態度は変える必要がある。

1. 寛大な   **2**. けちな   **3**. 透明な   **4**. 丈夫な

(9) 解答 **2**. fierce 訳 市場での競争はますます**熾烈**になってきている。

1. とても貴重な   **2**. 熾烈な   **3**. 雄弁な   **4**. 熱心な

(10) 解答 **4**. ambiguous 訳 A: 上司がその計画に賛成したり反対したりするんだ。

B: そうだね。彼女の**曖昧な**態度では成功しないよ。

1. 避けられない   **2**. 明白な   **3**. 同等の   **4**. 曖昧な

準 1 級最重要語をコロケーションで一気にマスター！

☆☆☆最重要形容詞 35

☐ an ambiguous（message, attitude）	**あいまいな**発言・態度
☐ a brisk（walk, business, trade）	**活発な**歩行, **活況な**ビジネス・取引
☐ a coherent（explanation, argument）	**首尾一貫した**説明・主張
☐ a competent（worker, player）	**有能な**労働者・選手
☐ consecutive（games, years, days）	**連続した**試合・年・日
☐ a consistent（quality, performance）	**安定した**品質・性能
☐ a disposable（income, camera）	**自由に使える**収入, **使い捨ての**カメラ
☐ an eloquent（speech, speaker）	**雄弁な**演説・演説者
☐ an exclusive（club｜contract, deal）	**高級**クラブ, **独占**契約・取引
☐ a feasible（plan, approach）	**実行可能な**計画・方法
☐ filthy（hands, rivers, language）	**汚れた**手・川, **卑猥な**言葉
☐ fragile（dishes, health, peace）	**壊れやすい**皿・健康・平和
☐ hazardous（waste, chemicals）	**有害な**廃棄物・化学物質
☐ an illegitimate（action, child）	**違法**行為, **私生**児
☐ an inevitable（result, outcome）	**避けられない**結果
☐ an inherent（right, ability）	**固有の**権利, **生来の**能力
☐ an integral（aspect, element）	**不可欠な**面・要素
☐ irrelevant（information, data）	**無関係な**情報・データ
☐ an obscure（reason, origin｜author, artist）	**曖昧な**理由・起源, **無名の**作者・画家
☐ an obsolete（technology, design, building）	**時代遅れの**技術・デザイン・建物
☐ a perpetual（motion｜struggle, conflict）	**永久**運動, **果てしない**戦い・争い
☐ a persistent（problem, efforts, pain, rain）	**根強い**問題, **持続的な**努力・痛み・雨
☐ be preoccupied with my（work, appearance）	仕事・外見**ばかりに気を取られる**
☐ a prompt（action, response）	**即座の**行動・反応
☐ relevant（information, data）	**関連のある**情報・データ
☐ a skeptical（view, attitude）	**懐疑的な**見方・態度

☐ strenuous (efforts, activities, exercise)	**精力的な**努力・活動・運動
☐ a stunning (performance, success, achievement)	**驚くべき**演技・成功・業績
☐ superficial (damage, knowledge)	**表面的な**傷・知識
☐ a tedious (job, chore, task)	**退屈な**仕事
☐ a transparent (material, lie)	**透明な**物質, **明白な**嘘
☐ a unanimous (decision, opinion)	**全員一致の**決定・意見
☐ a vicious (circle, gossip)	**悪い**循環・噂
☐ vigorous (exercise, activities)	**活発な**運動・活動
☐ vulnerable to (attack, damage)	攻撃・損傷**を受けやすい**

☆☆重要形容詞 20

☐ an affluent (society, lifestyle)	**裕福な**社会・ライフスタイル
☐ conventional (wisdom, medicine)	**従来の**知識・医療
☐ a cozy (room, house)	**居心地の良い**部屋・家
☐ a critical (problem, issue)	**重大な**問題
☐ a crucial (role, factor)	**極めて重要な**役割・要素
☐ a dismal (failure, performance)	**惨めな**失敗・演技
☐ a diverse (group, culture)	**多様な**集団・文化
☐ drowsy (driving, lecture)	**眠気を誘う**運転・講義
☐ an eligible (voter, bachelor)	**資格のある**投票者, **結婚相手に望ましい**独身男性
☐ excessive (drinking, eating, shopping)	**度を過ぎた**飲酒・食事・買い物
☐ an extinct (species, language)	**絶滅**種, **廃れた**言葉
☐ an indispensable (part, element, companion)	**なくてはならない**部分・要素・友
☐ offensive (behavior, language)	**不快な**態度・言葉
☐ an outrageous (crime, price, lie)	**言語道断な**犯罪・価格・嘘
☐ a plausible (explanation, reason)	**もっともらしい**説明・理由
☐ a premature (baby, death)	**未熟**児, **時期尚早な**死
☐ a prospective (employee, candidate)	**有望な**従業員・候補者

☐ a sluggish（economy, market）　　　　　　　　**鈍い**経済・市場

☐ a staggering（success, performance）　　　　　**驚異的な**成功・業績

☐ susceptible to（damage, disease, attack）　　　被害・病気・攻撃**に弱い**

an eloquent speaker
雄弁な演説者

a stunning achievement
驚くべき業績

a tedious job
退屈な仕事

a dismal failure
惨めな失敗

(**1**) The two countries have maintained (　　　) relations with each other.
　1. hygienic　　　　**2**. amicable　　**3**. incidental　　**4**. sluggish

(**2**) Roy has few friends because he often behaves in a(n) (　　　) way.
　1. offensive　　　　**2**. liable　　**3**. durable　　**4**. diverse

(**3**) Mary's explanation was so (　　　) that the meeting finished soon.
　1. dismal　　　　**2**. desperate　　**3**. concise　　**4**. crucial

(**4**) I felt (　　　) after I had stayed up all night.
　1. exceptional　　**2**. outrageous　　**3**. plausible　　**4**. drowsy

(**5**) The salesperson was confused by his customer's (　　　) refusal.
　1. dominant　　　**2**. blunt　　　**3**. renowned　　**4**. contemporary

(**6**) Ben could not put up with his neighbor's (　　　) behavior.
　1. mischievous　　**2**. reciprocal　　**3**. obese　　**4**. optional

(**7**) It is a(n) (　　　) issue whether to raise consumption taxes.
　1. controversial　　**2**. bulky　　**3**. conceivable　　**4**. outgoing

(**8**) The doctor warned that people were getting more (　　　) to disease.
　1. brutal　　　**2**. applicable　　**3**. divine　　**4**. susceptible

(**9**) The restaurant is very popular because of its (　　　) atmosphere.
　1. eligible　　　**2**. subsequent　　**3**. cozy　　**4**. miscellaneous

(**10**) A: I don't think this large-scale project is (　　　).
　　B: I absolutely agree. We have to solve the understaffing problem.
　1. treacherous　　**2**. viable　　**3**. tangible　　**4**. specific

ボキャブラリーパワー UP 形容詞 ② 　解答

(1) 解答 2. amicable 訳 その 2 か国は**良好な**関係を維持してきた。

1. 衛生的な　　　　　　2. 良好な　　　　3. 付随した　　　　4. 不活発な

(2) 解答 1. offensive 訳 Roy はよく**攻撃的な**振る舞いをするのでほとんど友人がいない。

1. 攻撃的な　　　　　　2. 責任のある　　3. 耐久力のある　　4. 幅広い

(3) 解答 3. concise 訳 Mary の説明はとても**簡潔だった**ので会議はすぐに終わった。

1. わびしい　　　　　　2. 必死の　　　　3. 簡潔な　　　　　4. 非常に重要な

(4) 解答 4. drowsy 訳 わたしは一晩中起きていた後、**眠気を**感じた。

1. 例外的な　　　　　　2. 法外な　　　　3. もっともらしい　4. 眠い

(5) 解答 2. blunt 訳 販売員は客の**ぶっきらぼうな**拒絶に困惑した。

1. 支配的な　　　　　　2. ぶっきらぼうな 3. 著名な　　　　　4. 現代の

(6) 解答 1. mischievous 訳 Ben は近所の人の**いたずらな**行動に耐えられなかった。

1. いたずらな　　　　　2. 相互の　　　　3. 肥満の　　　　　4. 選択できる

(7) 解答 1. controversial 訳 消費税を上げるかどうかは**物議を醸す**問題だ。

1. 物議を醸す　　　　　2. かさばった　　3. 考えられる　　　4. 社交的な

(8) 解答 4. susceptible 訳 医師は人々が病気に**かかりやすく**なっていると警告した。

1. 野蛮な　　　　　　　2. 適用できる　　3. 神聖な　　　　　4. かかりやすい

(9) 解答 3. cozy 訳 そのレストランは**心地よい**雰囲気のために非常に人気がある。

1. 適任の　　　　　　　2. 続いて起こる　3. 心地よい　　　　4. 種々雑多な

(10) 解答 2. viable 訳 A: この大規模なプロジェクトを**実行可能**と思えない。

　　　　　　　　　　　　　B: 全くだ。従業員不足の問題を解決しなければならないね。

1. 信用できない　　　　2. 実行可能な　　3. 実体のある　　　4. 特定の

準1級最重要語をコロケーションで一気にマスター！

☆☆☆最重要動詞 22	
☐ The (contract, license) expired.	契約・免許の期限が**切れた**。
☐ administer a (country, company)	国家・会社を**運営する**
☐ allege (illegality, immunity)	違法性・免責を**主張する**
☐ bribe (voters, officials)	有権者を**買収する**, 役人に**贈賄する**
☐ cherish my (memory, dream)	思い出・夢を**大切にする**
☐ compile a (plan, document, dictionary)	計画・文書・辞書を**作り上げる**
☐ conform to the (standard, rule)	基準・規則に**従う**
☐ dedicate my (time, life) to research	研究に時間・人生を**捧げる**
☐ devastate the (city, village)	都市・村を**壊滅させる**
☐ disrupt the (activity, process)	活動・プロセスを**妨害する**
☐ distort the (image, fact, truth)	イメージ・事実・真実を**ゆがめる**
☐ be enrolled in a (school, class)	学校・授業に**登録する**
☐ embrace the (idea, principle)	考え・主義を**受け入れる**
☐ endorse the (plan, proposal, bill)	計画・提案・法案を**承認する**
☐ enhance the (quality, performance)	品質・性能を**高める**
☐ exploit (resources, opportunities, workers)	資源・機会を**活用する**, 労働者を**搾取する**
☐ impose (sanctions, restrictions) on a country	ある国に制裁・制限を**課す**
☐ intrude into my (property, privacy)	所有地・プライバシーに**侵入する**
☐ mingle with (celebrities, guests)	有名人・ゲストと**歓談する**
☐ be obsessed with (money, sex, death)	お金・セックス・死に**取りつかれる**
☐ provoke a (war, reaction)	戦争・反応を**引き起こす**
☐ surpass the (record, target)	記録・目標を**越える**
☐ renovate the (building, house)	建物・家を**改装する**
☐ supplement my (income, diet)	収入・食事を**補う**

☆☆重要動詞 11

☐ collaborate on the（project, work）	計画・作品を**共同制作する**
☐ diminish the（influence, importance）	影響・重要性を**弱める**
☐ dominate the（market, industry）	市場・産業を**支配する**
☐ enforce a（law, regulation）	法律・規制を**施行する**
☐ mediate the（dispute, conflict）	論争・争いを**調停する**
☐ proclaim the（policy, constitution）	政策・憲法を**公言する**
☐ supervise the（work, activity）	作業・活動を**監督する**
☐ suppress the（growth, rebellion）	成長を**抑制する**，反乱を**鎮圧する**
☐ undermine the（efforts, confidence, credibility, health）	
	努力・信用・信頼・健康を**損なう**

☆☆重要名詞 12

☐ a（blood, newspaper）circulation	血液**循環**，新聞の**発行部数**
☐ a（n）（sincere, insincere）compliment	心からの・心にもない**ほめ言葉**
☐ （expose, reveal, uncover）the conspiracy	**陰謀**を暴く
☐ a（birth, genetic）defect	出生・遺伝子の**欠陥**
☐ a（n）（immune, iron, vitamin）deficiency	免疫**不全**，鉄・ビタミン**不足**
☐ a（n）（alternative, herbal）remedy	代替・薬草の**療法**
☐ （prior, written, legal）authorization	事前の・文書での・法的な**承認**
☐ （have, show, feel）compassion for someone	
	同情 [憐れみ] を持つ・示す・感じる
☐ （women's, female）intuition	女性の**勘 [直感]**
☐ （sexual, racial）harassment	性的・人種的な**嫌がらせ**
☐ an aptitude for（learning ｜ art, sports）	学習**適性**，アート・スポーツの**素質**
☐ （infant, child）mortality	幼児・子供の**死亡率**

The license expired.
免許の期限が切れた。

renovate the building
ビルを改装する

mediate the conflict
争いを調停する

a herbal remedy
薬草の療法

(**1**) Karl was promoted to manager for his (　　　　) to the company.
　　1. digestion　**2**. confrontation　**3**. prominence　**4**. dedication

(**2**) The president upset the stockholders due to his lack of (　　　　).
　　1. depiction　**2**. hindrance　　**3**. intimidation　**4**. consistency

(**3**) The protesters submitted a (　　　　) to the municipal govenment.
　　1. petition　　**2**. literacy　　　**3**. vicinity　　　**4**. tranquility

(**4**) Commenting on recent trends, he explained the (　　　) of app games.
　　1. mobility　**2**. fascination　**3**. disruption　**4**. detour

(**5**) Karen suffered from (　　　　) after playing sports for hours.
　　1. decency　　**2**. scarcity　　**3**. correspondence　　**4**. dehydration

(**6**) Sara's poor physical condition is caused by her calcium (　　　　).
　　1. scrutiny　　**2**. validity　　**3**. compilation　**4**. deficiency

(**7**) Because of the (　　　　) at an early stage, Dave was cured.
　　1. diagnosis　**2**. compliment　**3**. detachment　**4**. correlation

(**8**) Roy accepted the poor situation because he believed in (　　　　).
　　1. defect　　**2**. destiny　　**3**. offset　　　**4**. hazard

(**9**) Human activities have caused ecological (　　　　) around the world.
　　1. shatter　　**2**. captivity　　**3**. devastation　**4**. condemnation

(**10**) A: Do you think we can do something to solve the problem?
　　B: No. I'm afraid there is no (　　　　) for this situation right now.
　　1. menace　　**2**. disposal　　**3**. setback　　**4**. remedy

(1) 解答 **4.** dedication 訳 Karl は会社への**献身**によって部長に昇進した。

1. 消化   2. 対立   3. 卓越   4. 献身

(2) 解答 **4.** consistency 訳 社長は**一貫性**の欠如によって株主を怒らせた。

1. 描写   2. 妨害   3. 脅し   4. 一貫性

(3) 解答 **1.** petition 訳 抗議者は**嘆願書**を市役所に提出した。

1. 嘆願 (書)   2. 読み書き能力   3. 近所、近接   4. 平穏

(4) 解答 **2.** fascination 訳 最近の傾向について言及し,彼はアプリゲームの**魅力**を説明した。

1. 可動性   2. 魅力   3. 分裂、混乱   4. 回り道

(5) 解答 **4.** dehydration 訳 数時間スポーツをした後、Karen は**脱水症状**になった。

1. 礼儀   2. 不足、欠乏   3. 文通   4. 脱水症状

(6) 解答 **4.** deficiency 訳 Sara の悪い健康状態は彼女のカルシウム**不足**が原因だ。

1. 緻密な検査   2. 正当性、有効性   3. 編集   4. 不足、欠乏

(7) 解答 **1.** diagnosis 訳 初期段階における**診断**のおかげで Dave は病気を治した。

1. 診断   2. 褒め言葉   3. 分離   4. 相関関係

(8) 解答 **2.** destiny 訳 Roy は**運命**を信じていたので哀れな状況を受け入れた。

1. 欠陥品   2. 運命   3. 相殺   4. 危険

(9) 解答 **3.** devastation 訳 人間の活動は世界中の生態系の**破壊**を引き起こしてきた。

1. 破片   2. 捕らわれの身   3. 破壊   4. 非難、有罪宣告

(10) 解答 **4.** remedy 訳 A: その問題を解決するため何かできると思う？

            B: いや。残念ながら今現在、この状況に対する**救済手段**はない。

1. 脅威   2. 処分   3. 妨げ、失敗   4. 救済手段

(**1**) The sudden (　　　　) of the company surprised a lot of investors.
   1. bankruptcy   **2**. superstition **3**. custody   **4**. supplement

(**2**) Global warming is said to be one cause of the (　　　　) in Africa.
   1. impulse   **2**. negligence **3**. drought   **4**. commencement

(**3**) Jack's (　　　　) is the envy of his neighbors.
   1. affluence   **2**. redundancy **3**. remainder   **4**. implication

(**4**) The politician was arrested for tax (　　　　).
   1. prospect   **2**. revolution **3**. evasion   **4**. tariff

(**5**) The government is preparing for a(n) (　　　　) to the outdated law.
   1. excavation   **2**. transaction **3**. novelty   **4**. amendment

(**6**) The tribe is known for its unique religious (　　　　).
   1. rituals   **2**. domestication   **3**. applause   **4**. disgrace

(**7**) Nancy's (　　　　) was to get the shipment out on time.
   1. confession   **2**. priority **3**. trait   **4**. counterpart

(**8**) Because of his mistake, Paul is likely to suffer a(n) (　　　　).
   1. contemplation   **2**. retention **3**. endurance   **4**. demotion

(**9**) His (　　　　) told him it was a stupid thing to do.
   1. intuition   **2**. excess **3**. ingredient   **4**. isolation

(**10**) A: Why were the police able to find the murderer so soon?
    B: Because a(n) (　　　　) gave them some information.
   1. fraud   **2**. bystander **3**. ingenuity   **4**. harrassment

(1) 解答 **1**. bankruptcy　訳 会社の突然の**倒産**は多くの投資家を驚かせた。

  1. 倒産　　　　　**2**. 迷信　　　　　**3**. 管理、拘束　　**4**. 補完

(2) 解答 **3**. drought　訳 地球温暖化はアフリカの**干ばつ**の原因の1つだと言われている。

  1. 衝動　　　　　**2**. 怠慢　　　　　**3**. 干ばつ　　　　**4**. 開始

(3) 解答 **1**. affluence　訳 Jack の**富**は近所の住民の羨望の的だ。

  1. 富　　　　　　**2**. 冗長性　　　　**3**. 残り　　　　　**4**. 含意

(4) 解答 **3**. evasion　訳 その政治家は**脱税**のために逮捕された。

  1. 見込み　　　　**2**. 革命　　　　　**3**. 逃れること　　**4**. 関税

(5) 解答 **4**. amendment　訳 政府はその時代遅れの法律の**改正**の準備をしている。

  1. 掘削、発掘　　**2**. 取引　　　　　**3**. 真新しさ　　　**4**. 修正、改正

(6) 解答 **1**. rituals　訳 その民族集団は独特な宗教的**儀式**で知られている。

  1. 儀式　　　　　**2**. 家畜化　　　　**3**. 拍手喝采　　　**4**. 不名誉

(7) 解答 **2**. priority　訳 Nancy の**優先事項**は期限通りに発送することだった。

  1. 告白　　　　　**2**. 優先事項　　　**3**. 特徴　　　　　**4**. 同等の人(もの)

(8) 解答 **4**. demotion　訳 ミスをしたので Paul は**降格**しそうだ。

  1. 熟慮　　　　　**2**. 保持　　　　　**3**. 耐久性　　　　**4**. 降格

(9) 解答 **1**. intuition　訳 彼は**直観**でそれは愚かなこととわかった。

  1. 直観力　　　**2**. 過度、超過　　**3**. 材料　　　　　**4**. 孤立

(10) 解答 **2**. bystander　訳 A: なぜ警察は殺人犯をそんなに早く見つけたんですか？

                     B: **見物人**が警察に情報を提供したからだよ。

  1. 詐欺　　　　　**2**. 見物人、傍観者　　　**3**. 創意工夫　　　**4**. 嫌がらせ

ボキャブラリーパワー UP 時事問題①にチャレンジ！

(**1**) The (　　　　) document was stolen and leaked to the mass media.
   1. dormant　　　　　**2**. confidential　**3**. intermittent　**4**. oppressive

(**2**) There has been continuous news (　　　　) of the train accident.
   1. congestion　　　　**2**. amenity　　　**3**. coverage　　　**4**. evacuation

(**3**) The government proclaimed a(n) (　　　　) of a new type of disease.
   1. quota　　　　　　**2**. outbreak　　**3**. artifact　　　**4**. deficit

(**4**) The average life (　　　　) in the country has increased each year.
   1. blockade　　　　　**2**. surplus　　　**3**. autonomy　**4**. expectancy

(**5**) The terrorist group demanded a (　　　　) of $1 million.
   1. ransom　　　　　　**2**. notification　**3**. itinerary　　**4**. habitat

(**6**) The country was blamed for (　　　　) children according to race.
   1. assaulting　　　　**2**. domesticating　　　**3**. segregating　**4**. abducting

(**7**) The result of the (　　　　) will be used as evidence in the case.
   1. anonymity　　　　**2**. autopsy　　　**3**. proficiency　**4**. archive

(**8**) The company decided to (　　　　) from the Asian market.
   1. reclaim　　　　　　**2**. stimulate　　**3**. distress　　　**4**. retreat

(**9**) The (　　　　) of the multinational force brought about a cease-fire.
   1. deployment　　　**2**. assortment　　**3**. compression　**4**. defendant

(**10**) A: Crime is increasing in this neighbourhood.
     B: Yes. We should install more (　　　　) cameras.
   1. deformity　　　　**2**. outlay　　　**3**. axis　　　　　**4**. surveillance

47

(1) 解答 **2.** confidential　訳 その**極秘**文書は盗まれてマスメディアに暴露された。

1. 休止状態の　　2. 極秘の　　　　　3. 断続的な　　　4. 圧迫的な

(2) 解答 **3.** coverage　訳 その列車事故について絶えずニュース**報道**が行われている。

1. 渋滞　　　　　2. 快適さ　　　　　3. 報道、適用範囲 4. 避難

(3) 解答 **2.** outbreak　訳 政府は新型の病気の**勃発**を宣言した。

1. 割当量　　　　2. 勃発、爆発　　　3. 人工物　　　　4. 赤字

(4) 解答 **4.** expectancy　訳 その国の平均**余命**は毎年上がっている。

1. 封鎖、障害　　2. 余り　　　　　　3. 自治　　　　　4. 予想値

(5) 解答 **1.** ransom　訳 そのテロリスト集団は 100 万ドルの**身代金**を要求した。

1. 身代金　　　　2. 通知　　　　　　3. 旅程 (表)　　4. 生息地

(6) 解答 **3.** segregating　訳 その国は子供を人種**差別した**ことで非難された。

1. 攻撃すること 2. 飼いならすこと 3. 差別すること　　4. 誘拐すること

(7) 解答 **2.** autopsy　訳 **検死**結果はその事件の証拠として使われるだろう。

1. 匿名　　　　　2. 検死　　　　　　3. 熟練　　　　　4. 保管所

(8) 解答 **4.** retreat　訳 その会社はアジア市場から**撤退する**ことに決めた。

1. 救う　　　　　2. 刺激する　　　　3. 悩ませる　　　4. 撤退する

(9) 解答 **1.** deployment　訳 多国籍軍の**配置**は休戦をもたらした。

1. 配置、展開　　2. 詰め合わせ　　　3. 圧縮　　　　　4. 被告 (人)

(10) 解答 **4.** surveillance　訳 A: この付近は犯罪がふえていますね。

　　　　　　　　　　　　　　　　B: ええ。もっと**防犯**カメラを設置した方がいいですね。

1. 変形　　　　　2. 支出、出費　　　3. 軸　　　　　　4. 監視

(**1**) The president is trying to (　　　　) and make a peace agreement.
　　1. disarm　　　　**2**. nominate　　**3**. probe　　　**4**. snatch

(**2**) He is suspected of having dealt in (　　　　) drugs.
　　1. static　　　　**2**. illicit　　　**3**. scenic　　　**4**. clerical

(**3**) Crossing the border was a(n) (　　　　) for the immigrants.
　　1. ordeal　　　　**2**. curfew　　　**3**. stagnation　**4**. unification

(**4**) The gang member was caught when he was trying to (　　　　) guns.
　　1. obligate　　　**2**. insure　　　**3**. prolong　　**4**. smuggle

(**5**) The (　　　　) report announced that the ex-mayor would be elected.
　　1. preliminary　　**2**. incentive　　**3**. nutritional　**4**. forthcoming

(**6**) World leaders voted unanimously to impose (　　　　) on the country.
　　1. friction　　　　**2**. mergers　　**3**. turbulence　**4**. sanctions

(**7**) These items were put in (　　　　) at the airport.
　　1. periodical　　**2**. quarantine　**3**. subtraction　**4**. fracture

(**8**) The neighboring countries formed a multilateral (　　　　) last month.
　　1. dialect　　　　**2**. humidity　　**3**. alliance　　**4**. recession

(**9**) The country was blamed for hiding a huge (　　　　) of weapons.
　　1. stockpile　　　**2**. slaughter　　**3**. amnesty　　**4**. procession

(**10**) A: The economic crisis in Europe was really shocking, wasn't it?
　　B: Yes. I hope it will (　　　　) soon.
　　1. improvise　　**2**. interrogate　**3**. subside　　**4**. extract

(1) 解答 1. disarm 訳 大統領は**武装を解除**して和平合意をしようとしている。

1. 武装を解除する **2.** 指名する **3.** 調べる **4.** ひったくる

(2) 解答 2. illicit 訳 彼は**違法な**薬物を取引していたと疑われている。

1. 静的な **2.** 違法な **3.** 景色の **4.** 聖職者の

(3) 解答 1. ordeal 訳 国境を越えることは移民にとって**試練**であった。

1. 試練 **2.** 門限 **3.** 停滞 **4.** 統合、単一化

(4) 解答 4. smuggle 訳 そのギャングの構成員は銃を**密輸**しようとしたときに捕まった。

1. 束縛する **2.** 保証する **3.** 延長する **4.** 密輸する

(5) 解答 1. preliminary 訳 **速報**は前市長が当選すると発表した。

1. 仮の、予備の **2.** 刺激 (的な) **3.** 栄養上の **4.** 来たる

(6) 解答 4. sanctions 訳 世界の指導者達はその国に**制裁**を課すと満場一致で可決した。

1. 摩擦 **2.** 合併 **3.** 大荒れ、動乱 **4.** 制裁、認可

(7) 解答 2. quarantine 訳 これらの品物は空港で**検疫**された。

1. 定期刊行物 **2.** 検疫 **3.** 引き算 **4.** 骨折

(8) 解答 3. alliance 訳 隣国は先月、多国間**同盟**を結んだ。

1. 方言 **2.** 湿気、湿度 **3.** 同盟、協調 **4.** 不景気

(9) 解答 1. stockpile 訳 その国は大量の兵器の**備蓄**を隠していたことで非難された。

1. 備蓄 **2.** 虐殺 **3.** 恩赦 **4.** 行列、行進

(10) 解答 3. subside 訳 A: ヨーロッパの経済危機は衝撃的だったよね。

B: ええ。すぐに**おさまる**と良いのですが。

1. 即興で作る **2.** 尋問する **3.** おさまる **4.** 抽出する

基本動詞
・句動詞

一 気 に ス コ ア UP ！
短 期 集 中 ト レ ー ニ ン グ

２日目の動画をチェック！

QR コードをスキャンしよう！

基本動詞・句動詞問題スコア UP！
短期集中トレーニング

　このセクションでは、最重要基本動詞と重要基本動詞の大特訓を行います。基本動詞・句動詞は量が多く、似たものが多いので苦手とする人が多いのですが、この問題で満点や高得点をゲットできるようにしっかりと対策を練りましょう。

　英検準 1 級の語彙問題では 25 問出題されますが、そのうち**「基本動詞・句動詞」に関する問題は例年 4 問**出題されています。出題数としてはそこまで多くはないものの、合格基準点の前後数点に多くの受験者が固まることを考えると、4 問全て正解することができれば、合格に大きく近づけると言えます。

　過去 20 年分の問題を分析すると、よく出題されるのは「come, cut, do, draw, fall, get, give, go, have, hold, keep, look, make, pass, play, pull, put, run, take」のような極めて重要な**「核となる基本動詞」**と前置詞を組み合わせた形です。また、「drag, drift, fade, flip, gear, jot, opt, peel, rake, roll, scale, sip, stem, tuck, weed」のような**「2 級レベルを超えた動詞」**と前置詞を組み合わせた問題も若干ながら出題され、差がつきやすい問題と言えます。

　こういった基本動詞、句動詞の知識は、大問 1 で問われるだけでなく**「リスニング問題」や「エッセイライティング」で高得点を取ったり、洋画を字幕なしで理解したりする際の重要な要素**でもあります。ネイティブは難しい単語を知らない子供でも基本動詞と前置詞の組み合わせで色々と表現することができるため、洋画では基本動詞・句動詞の表現が数多く登場するのです。一方、リーディングを重視して単語帳を暗記する日本の英語教育を受けた人の多くは、この基本動詞・句動詞の知識が欠けている傾向があります。英語力を一段と UP させるためにもぜひ、基本動詞・句動詞を強化していただきたいと思います。

　それでは、まずウォーミングアップとして、共通する基本動詞を入れる問題にチャレンジしてみましょう！

(**1**) All the classmates ( ) for Carl's farewell gift.
    1. wound up   **2**. chipped in   **3**. ironed out   **4**. hung up

(**2**) He could not ( ) his feelings when he heard the news.
    1. hold back   **2**. wear out   **3**. bring up   **4**. call for

(**3**) Because of his poor explanation, nobody could ( ) what he meant.
    1. make out   **2**. bounce back **3**. go under   **4**. hold up

(**4**) The analyst said that the economy would ( ) in the next quarter.
    1. take in   **2**. hammer out **3**. tear down   **4**. pick up

(**5**) More and more elderly people are ( ) e-mail fraud.
    1. summing up   **2**. giving in   **3**. falling for   **4**. bringing on

(**6**) You can ( ) the problem by choosing another day for the meeting.
    1. fall through   **2**. drive up   **3**. get around   **4**. break in

(**7**) These second-hand PCs are ( ) $300 each.
    1. going down   **2**. taking on   **3**. adding up   **4**. going for

(**8**) The police officer told the reckless driver to ( ).
    1. pull over   **2**. stir up   **3**. fall out   **4**. count on

(**9**) The rainy season ( ) one week later than usual.
    1. ran down   **2**. set in   **3**. drew up   **4**. fell back

(**10**) On a very hot day, some students ( ) during the club activity.
    1. passed out   **2**. stuck with   **3**. covered up   **4**. pulled through

(1) 解答 **2.** chipped in 訳 クラスメイト全員がカールの餞別に**お金を出し合った。**

1. 終えた   **2.** 寄付した   **3.** 解決した   **4.** 電話を切った、妨げた

(2) 解答 **1.** hold back 訳 その知らせを聞いた時、彼は**感情を抑える**ことができなかった。

1. 本心を隠す   **2.** すり減らす   **3.** 育てる   **4.** 要求する

(3) 解答 **1.** make out 訳 説明が下手だったため誰も彼が意味することを**理解**できなかった。

1. 作り上げる、理解する   **2.** 回復する   **3.** 破産する   **4.** 持ちこたえる

(4) 解答 **4.** pick up 訳 分析家は次の四半期に経済が**上向く**と言った。

1. 取り入れる   **2.** 同意する   **3.** 壊す、中傷する   **4.** 上向く

(5) 解答 **3.** falling for 訳 ますます多くのお年寄りが電子メール詐欺に**引っかかっている。**

1. 合計 (要約) している   **2.** 降参している   **3.** 引っかかっている **4.** 連れてきている

(6) 解答 **3.** get around 訳 会議を別日にすることによって問題を**避ける**ことができる。

1. 失敗に終わる   **2.** 釣り上げる   **3.** 動き回る、避ける   **4.** 侵入する

(7) 解答 **4.** going for 訳 これらの中古パソコンはそれぞれ 300 ドルで**売られている。**

1. 下りる、悪化している **2.** 引き受けている **3.** 計算が合っている **4.** 売られている

(8) 解答 **1.** pull over 訳 警察官はその無謀な運転手に**道路の脇に寄せる**ように言った。

1. 路肩に止める   **2.** 引っかき回す   **3.** 結局〜となる   **4.** 当てにする

(9) 解答 **2.** set in 訳 いつもより 1 週間遅れで梅雨**に入った。**

1. はねた、中傷した   **2.** 季節などが始まった   **3.** 作成した   **4.** 後退した

(10) 解答 **1.** passed out 訳 とても暑い日に、数人の生徒がクラブ活動中に**意識を失った。**

1. 意識を失った   **2.** 離れなかった、虜にした **3.** ごまかした   **4.** 乗り越えた

前置詞グループで必須句動詞を一気にマスター！

▶▶▶On の必須句動詞を完全マスター！

「加わる」から「頼る・影響を与える・迫る・繰り返す」の意味が生まれる

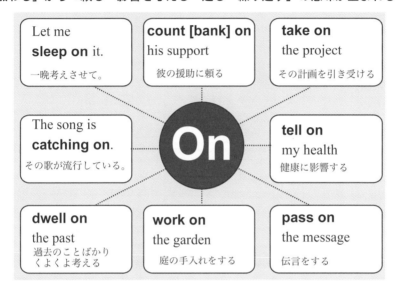

| Let me **sleep on** it. 一晩考えさせて。 | **count [bank] on** his support 彼の援助に頼る | **take on** the project その計画を引き受ける |

On

The song is **catching on**. その歌が流行している。

tell on my health 健康に影響する

dwell on the past 過去のことばかりくよくよ考える

work on the garden 庭の手入れをする

pass on the message 伝言をする

最重要★★★

☐ count on her help 　　　　　　　　　　　彼女の助けを**頼りにする**

☐ The meeting dragged on for hours. 　　会議は何時間もダラダラと**続いた**。

☐ The surprising truth dawned on me. 　　驚くべき真実が**わかり始めた**。

☐ The place has grown on me. 　　　　　　**住めば**都だ。

☐ hit on an idea 　　　　　　　　　　　　アイデアを**思いつく**

重要★★

☐ cheat on my wife 　　　　　　　　　　妻を裏切って**浮気する**

☐ pick on my younger brother 　　　　　弟を**いじめる**

☐ The song turns me on. 　　　　　　　その歌に**しびれる**。

☐ touch on the issue of poverty 　　　貧困の問題に**触れる**

▶▶▶Off の必須句動詞を完全マスター！

「離」から「離れる・発する・放つ・減る・済ませる」の意味が生まれる

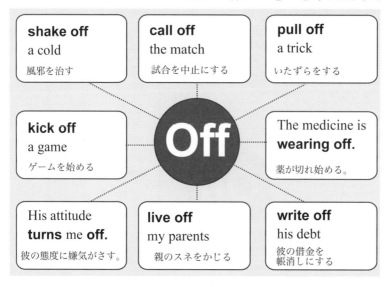

shake off	call off	pull off
a cold	the match	a trick
風邪を治す	試合を中止にする	いたずらをする

kick off		The medicine is
a game		**wearing off.**
ゲームを始める		薬が切れ始める。

Off

His attitude	live off	write off
turns me **off.**	my parents	his debt
彼の態度に嫌気がさす。	親のスネをかじる	彼の借金を帳消しにする

最重要★★★

- [ ] tell off the student for failing a test　　赤点の生徒を**叱りつける**
- [ ] pass myself off as a lawyer　　弁護士に**なりすます**
- [ ] rip off tourists　　観光客たちから**ぼったくる**
- [ ] round [finish] off the work　　仕事を**終える**
- [ ] touch off a war　　戦争を**引き起こす**

重要★★

- [ ] The rain has eased off.　　雨が**やや弱まっている。**
- [ ] laugh off a rumor　　うわさを**笑い飛ばす**
- [ ] show off his car　　彼の車を**見せびらかす**
- [ ] drop [doze] off to sleep　　眠り**に落ちる**
- [ ] hold off a decision　　決定を**遅らせる**
- [ ] set off an alarm　　警報を**作動させる**

▶▶▶Up の必須句動詞を完全マスター！

「完・満」から「完了する・仕上げる・高める・強調する」の意味が生まれる

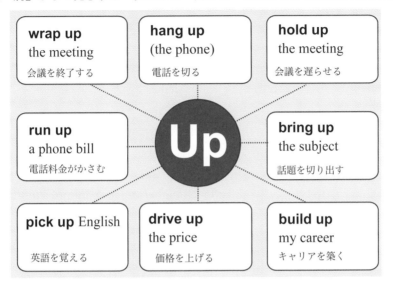

wrap up
the meeting
会議を終了する

hang up
(the phone)
電話を切る

hold up
the meeting
会議を遅らせる

run up
a phone bill
電話料金がかさむ

Up

bring up
the subject
話題を切り出す

pick up English
英語を覚える

drive up
the price
価格を上げる

build up
my career
キャリアを築く

最重要★★★

☐ My computer is acting up. パソコンの**調子が悪い**。

☐ The figures don't add up. 計算が**合わ**ない。

☐ The rain will soon let up. 雨はまもなく**やむ**だろう。

☐ live [measure] up to the standard 基準に**達する**

☐ step up my efforts **さらなる**努力を**する**

重要★★

☐ back up my claim 主張を**裏づける**

☐ clear up my doubts 疑問を**解決する**

☐ cough up some money **しぶしぶ支払う**

☐ dig up the past 過去を**ほじくり返す**

☐ play up my work experience 職務経験を**強調する**

☐ screw up the work 仕事を**台無しにする**

☐ shake up the pension system 年金制度を**一新する**

☐ stir up controversy 物議を**醸す**

(**1**) The snowstorm suddenly (　　　　) and Robert was able to climb down safely.
  1. sized up　　　　**2**. crossed out　**3**. died down　**4**. hang up

(**2**) He usually (　　　　) the sales reports before submitting them to his boss.
  1. goes over　　　　**2**. tells off　**3**. shakes up　**4**. lets down

(**3**) The company cannot (　　　　) its past achievements anymore.
  1. step down　　　　**2**. crop up　　**3**. draw on　　**4**. part with

(**4**) It was difficult to (　　　　) the phone number because he spoke too fast.
  1. come into　　　　**2**. jot down　　**3**. keep up　　**4**. put forward

(**5**) He (　　　　) the chance to watch the movie for free.
  1. paid off　　　　**2**. jumped at　**3**. came by　　**4**. narrowed down

(**6**) The comedian is (　　　　) locally.
  1. mapping out　　　**2**. making up　**3**. catching on　**4**. seeing through

(**7**) The government failed to (　　　　) the riot, which resulted in a civil war.
  1. touch on　　　　**2**. carry over　**3**. put down　　**4**. stick around

(**8**) The two countries have been (　　　　) a good relationship for decades.
  1. marking down　　**2**. calling on　**3**. wearing off　**4**. keeping up

(**9**) The detective (　　　　) the possibility that she was a criminal.
  1. ruled out　　　　**2**. let up　　　**3**. bumped into　**4**. settled down

(**10**) This afternoon, it (　　　　) raining for a while.
  1. laid down　　　　**2**. burned out　**3**. left off　　**4**. sprang up

(1) 解答 **3.** died down 訳 吹雪は突然**おさまり**、Robert は安全に下山することができた。

1. 基準に達した   2. 削除した   3. おさまった   4. 電話を切った

(2) 解答 **1.** goes over 訳 彼はいつも上司に提出する前に売上報告書を**見直す**。

1. 探査する、見直す   2. 叱りつける   3. 揺さぶる   4. 失望させる

(3) 解答 **3.** draw on 訳 その会社はもはや過去の達成を**当てにする**ことはできない。

1. 辞任する   2. 不意に現れる   3. 利用する、当てにする   4. 手放す、別れる

(4) 解答 **2.** jot down 訳 彼はあまりに早口だったので、電話番号を**メモする**のが難しかった。

1. 加わる   2. 素早くメモする   3. 維持する   4. 提出する、提案する

(5) 解答 **2.** jumped at 訳 彼は無料でその映画を見られるチャンスに**飛びついた**。

1. 利益をもたらした   2. 飛びついた   3. 手に入れた   4. 範囲を絞った

(6) 解答 **3.** catching on 訳 そのコメディアンは地元で**人気になりつつある**。

1. 緻密に計画している   2. 埋め合わせている

3. 理解している、流行している   4. 見抜いている

(7) 解答 **3.** put down 訳 政府は暴動の**鎮圧**に失敗し、内戦に発展した。

1. 軽く触れる   2. 持ち越す   3. 鎮圧する   4. うろつく

(8) 解答 **4.** keeping up 訳 その 2 か国は数十年にわたって良い関係を**維持している**。

1. 値下げしている   2. 訪問している、要求している

3. すり減っている   4. 維持している

(9) 解答 **1.** ruled out 訳 刑事（探偵）は彼女が犯人であるという可能性を**排除した**。

1. 排除した、除外した   2. やんだ、和らいだ   3. 衝突した   4. 定住した

(10) 解答 **3.** left off 訳 今日の午後、雨がしばらく**やんだ**。

1. 横たえた、捨てた   2. 疲れ切った   3. 中止した、やんだ **4.** 生じた、現れた

▶▶▶Down の必須句動詞を完全マスター！

「下へ」から「弱める・固定する・減る・押さえつける」の意味が生まれる

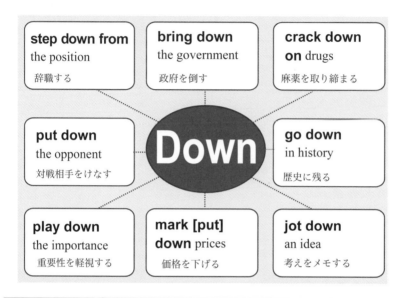

	最重要★★★	
□ tear [knock, pull] down the building		建物を**壊す**
□ boil down to the issue		**詰まるところは、**その問題**に行きつく**
□ cut down on the travelling costs		出張費を**削る**
□ The storm has died down.		嵐が**やんだ。**
□ get down to business		仕事に**取りかかる**

	重要★★	
□ back down from the challenge		挑戦**から逃げる**
□ lay down the rules		規則を**定める**
□ narrow down the choices		選択範囲を**絞る**
□ run down my political rivals		政敵を**批判する**
□ scale down the production		生産を**減らす**
□ tone down the criticism		批判を**和らげる**

▶▶▶In の必須句動詞を完全マスター！

「中へ」から「中に取り込む・中に入れる」の意味が生まれる

His words **sank in.**
彼の言葉が段々わかり始めた。

break in the shoes
靴を履きならす

give in to the pressure
圧力に負ける

bring in a lot of money
大金を稼ぐ

In

hand [turn] in the report
報告書を提出する

The rainy season has **set in.**
梅雨が始まった。

indulge in drinking
酒にふける

The medicine **kicked in.**
薬が効き始めた。

最重要★★★

☐ cash in on the trend — そのトレンドに**乗る**

☐ Count me in. — 私も**参加する**よ。

☐ pull in at the side of the road — 車を道の片側に**停める**

☐ rub it in — （不愉快なことを）**しつこく言う**

☐ be taken in by a salesperson — セールスマンに**だまされる**

重要★★

☐ bask in the sun — 日光**浴をする**

☐ chip[pitch] in for a present — プレゼントのために**カンパする**

☐ fall in with the plan — 計画に**同意する**

☐ fit in at a new workplace — 新しい職場に**なじむ**

☐ let [fill] her in on the secret — 彼女に秘密を**打ち明ける**

☐ deal in second-hand goods — 中古品を**取り扱う**

▶▶▶Out の必須句動詞を完全マスター！

「出」から「出る・追い出す・出す・消える」の意味が生まれる

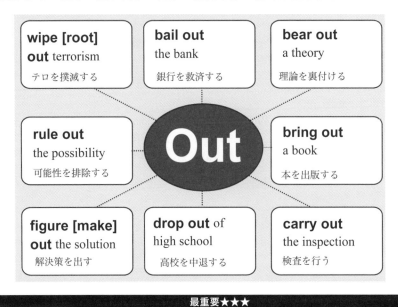

| wipe [root] out terrorism | bail out the bank | bear out a theory |
| テロを撲滅する | 銀行を救済する | 理論を裏付ける |

rule out the possibility — 可能性を排除する

Out

bring out a book — 本を出版する

figure [make] out the solution — 解決策を出す

drop out of high school — 高校を中退する

carry out the inspection — 検査を行う

最重要★★★	
□ Fire broke out in the building.	そのビルで火事が**起きた**。
□ ride out the recession	不況を**乗り切る**
□ phase out the production	生産を**段階的に減らす**
□ shell out money	**しぶしぶ支払う**
□ spell out the details	詳細を**説明する**

重要★★	
□ iron [smooth] out differences	相違点を**なくす**
□ hammer out an agreement	合意に**達する**
□ dish out money	お金を**分配する**
□ kick him out of the house	彼を家から**追い出す**

句動詞パワー UP 問題③にチャレンジ！

(**1**) The team manager praised Alex, who had (   ) other players.
   1. ripped off　　　**2**. left out　　　**3**. covered for　　**4**. run up

(**2**) He was so tired that he (   ) during the meeting.
   1. bore out　　　　**2**. hit on　　　　**3**. rounded up　　**4**. dozed off

(**3**) Most of the competitors (   ) of the race because of the summer heat.
   1. dropped out　　　**2**. dug up　　　　**3**. kept at　　　　**4**. followed through

(**4**) The meeting (   ) making the decision until the following week.
   1. jacked up　　　　**2**. held off　　　　**3**. kicked in　　　**4**. carried off

(**5**) The regular meeting (   ) because many people objected to the plan.
   1. laughed off　　　**2**. pulled up　　　**3**. rubbed in　　　**4**. dragged on

(**6**) Since Tim looks so young, he could (   ) being in his twenties.
   1. sleep on　　　　**2**. sell out　　　　**3**. shake off　　　**4**. pass for

(**7**) We need to hold a meeting and (   ) the matter.
   1. see about　　　　**2**. push around　　**3**. walk out　　　**4**. drive at

(**8**) The language school is (   ) its own English education program.
   1. smoothing out　　**2**. turning against　**3**. playing up　　**4**. cracking up

(**9**) She will be (   ) for the special training course next week.
   1. taken after　　　**2**. cleared up　　**3**. settled for　　**4**. singled out

(**10**) It took a while for the news to (   ).
   1. take to　　　　　**2**. sink in　　　　**3**. work out　　　**4**. show off

(1) 解答 **3**. covered for （訳）他の選手を**かばった** Alex をチームの監督は評価した。

　　1. 剥ぎ取った、ぼったくった　　**2**. 省いた **3**. 代理をした、かばった　　4. 駆け上がった

(2) 解答 **4**. dozed off （訳）彼はとても疲れていたので、会議中に**居眠りをした**。

　　1. 運び出した、裏づけた　2. 思いついた　　　3. かき集めた　　　**4**. 居眠りをした

(3) 解答 **1**. dropped out （訳）夏の暑さのため、ほとんどの競技者がレースの途中で**脱落した**。

　　1. 脱落した　　　2. 掘り起こした　　　　　3. 根気よく続けた **4**. 徹底的に従った

(4) 解答 **2**. held off （訳）会議では決断を下すのを翌週に**持ち越した**。

　　1. つり上げた　　**2**. 退けた、遅らせた　　　3. 始まった、効いた **4**. やり通した、勝ち取った

(5) 解答 **4**. dragged on （訳）多くの人が計画に反対したため、定例会議は**長引いた**。

　　1. 笑ってごまかした　　　**2**. 引き上げた　　　3. 誤りを繰り返し言った　　**4**. 長引いた

(6) 解答 **4**. pass for （訳）Tim はとても若く見えるので、20 代**で通る**。

　　1. 一晩考える　　　　　2. 完売する　　　3. 振り払う、取り除く　　　**4**. 〜で通る

(7) 解答 **1**. see about （訳）我々は会議を開き、その問題について**調べる**必要がある。

　　1. 注意を向ける、調べる　2. こき使う　　　3. 退場する　　　**4**. 意図する

(8) 解答 **3**. playing up （訳）その語学スクールは、独自の英語プログラムを**重視している**。

　　1. 片づけている　　　　2. 敵対している　　　**3**. 重視している　　4. バラバラにしている

(9) 解答 **4**. singled out （訳）彼女は来週の特別研修に**選出される**だろう。

　　1. 似ている　　　　　　2. 天気になる　　　3. 妥協する、我慢する　　　**4**. 選び出される

(10) 解答 **2**. sink in （訳）そのニュースを**理解する**のにしばらく時間がかかった。

　　1. 好きになる、没頭する　2. 理解される　　　3. うまくいく　　　**4**. 見せびらかす

▶▶▶Over の必須句動詞を完全マスター！

「越えて・覆って」から「移動・譲渡・優先・繰り返し」の意味が生まれる

walk (all) over someone
（人）をこき使う

get over the cold
風邪を治す

go over the document
書類を見直す

gloss over the mistake
間違いをごまかす

Over

pull over at the corner
角に車を停める

tide over the crisis
危機を乗り越える

take over the company
会社を乗っ取る

stop over in Kyoto
途中で京都に寄る

最重要★★★

☐ carry [hold] the matter over to the next meeting

その件を次の会議に**持ち越す**

☐ paper over the fact　　　　　　　　　事実を**覆い隠す**

☐ pass over his remarks　　　　　　　彼の発言**を無視する**

☐ sign [hand, make] over the property to his son　　息子に土地を**譲る**

☐ turn the project over to him　　　プロジェクトを彼に**引き継ぐ**

重要★★

☐ bring him over to our side　　　　　　彼を味方**にする**

☐ A strange feeling came over me.　　変な気分に**おそわれた。**

☐ be run over by a car　　　　　　　　　車に**ひかれる**

☐ think over the matter　　　　　　　　問題を**熟考する**

☐ turn over $2,000 a month　　　月に 2,000 ドルの**商売をする**

►►►With の必須句動詞を完全マスター！

「関・結」から「関わり合う・結ぶ」の意味が生まれる

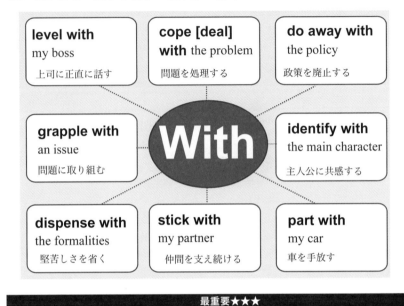

level with
my boss
上司に正直に話す

cope [deal] with the problem
問題を処理する

do away with
the policy
政策を廃止する

grapple with
an issue
問題に取り組む

With

identify with
the main character
主人公に共感する

dispense with
the formalities
堅苦しさを省く

stick with
my partner
仲間を支え続ける

part with
my car
車を手放す

最重要★★★

☐ comply with the regulations　　　　　　　　　　　　規則に**従う**

☐ break with tradition　　　　　　　　　　　　　　　伝統を**捨てる**

☐ The final decision rests with you.　　　　　　最終決定は君**次第だ**。

☐ settle with my friend　　　　　　　　　　　　　友人と**和解する**

重要★★

☐ I could do with a cup of coffee right now.　　　今コーヒーが**飲み**たい。

☐ make do with a slice of bread for breakfast　朝食をパン１枚で間**に合わせる**

☐ My sympathy lies with her.　　　　　　　　　彼女に**同情する**。

☐ The idea doesn't sit well with me.　　そのアイデアはどうも**納得でき**ない。

▶▶▶For の必須句動詞を完全マスター！

「片方」「双方向」に向かうから「予定・原因・基準」の意味が生まれる

shoot for
a promotion
昇進を目指す

allow for
the possibility
可能性を考慮する

call for
a strike
ストライキを要求する

root for
the team
チームを応援する

For

cover for
the staff
職員の代理をする

opt for
early retirement
早期退職を選ぶ

head [make] for the exit
出口に向かう

fall for
the trick
トリックにはまる

最重要★★★	
☐ go for a perfect score	満点を**狙う**
☐ pass for an actor	俳優で**通る**
☐ run for President	大統領に**立候補する**
☐ call for a ban	禁止を**呼びかける**
☐ fall for his charm	彼の魅力に**取りつかれる**
☐ head [make] for the door	ドアに**向かう**

重要★★	
☐ provide for the future	将来に**備える**
☐ "IT" stands for information technology.	IT は情報技術を**表す。**
☐ be pressed for time	時間に**追われる**
☐ settle for a second place	2 位に**甘んじる**

右側縦書き：
2日目
基本動詞・句動詞

(**1**) He knew about his colleague's misbehavior, but he (　　　) it in silence.
　　1. passed over　　　**2**. rolled up　　**3**. fell on　　**4**. stood out

(**2**) I'm (　　　) the recent summer heat.
　　1. paid down　　　**2**. run for　　**3**. fed up with　　**4**. blown up

(**3**) Right after the earthquake, everyone in the theater (　　　) the exit.
　　1. shaped up　　　**2**. made for　　**3**. turned down　　**4**. amounted to

(**4**) The new company (　　　) various kinds of video games.
　　1. throws up　　　**2**. deals in　　**3**. allows for　　**4**. caters to

(**5**) We have to (　　　) this important tradition to the next generation.
　　1. pass on　　　**2**. spell out　　**3**. tide over　　**4**. level with

(**6**) Nowadays, more and more people (　　　) early retirement.
　　1. stem from　　　**2**. touch up　　**3**. cheat on　　**4**. opt for

(**7**) The police (　　　) the true cause of the crime.
　　1. stepped up　　　**2**. walked over　　**3**. pinned down　　**4**. picked on

(**8**) The stadium was filled with fans (　　　) their hometown team.
　　1. turning in　　　**2**. rooting for　　**3**. dawning on　　**4**. straightening out

(**9**) It is said that the country is (　　　) others in education.
　　1. tapping into　　　**2**. working up　　**3**. giving out　　**4**. lagging behind

(**10**) All employees need to (　　　) in order to complete the project.
　　1. pull together　　　**2**. tell on　　**3**. write off　　**4**. ease up

(1) 解答 **1**. passed over　(訳) 彼は同僚の不正行為を知っていたが、**黙認した**。

　1. 黙認した、経過した　　**2**. 包んだ、包囲した　　　**3**. 日付が当たった　**4**. 目立った

(2) 解答 **3**. fed up with　(訳) 最近の夏の暑さには**うんざりしている**。

　1. 頭金として払う　　　**2**. 立候補する　　　**3**. うんざりする　　**4**. 破裂する

(3) 解答 **2**. made for　(訳) 地震の直後、劇場にいた人は全員出口に**殺到した**。

　1. 体を鍛えた　　　　　**2**. 急いで進んだ　　**3**. 却下した　　　　**4**. 合計〜になった

(4) 解答 **2**. deals in　(訳) その新しい会社はさまざまな種類のテレビゲームを**取り扱っている**。

　1. 吐く、放棄する　　　**2**. 扱う、商う　　　**3**. 考慮に入れる　　**4**. 応じる

(5) 解答 **1**. pass on　(訳) その重要な伝統は次の世代に**伝えなければ**ならない。

　1. 伝える　　　　　　　**2**. 詳しく説明する　**3**. 乗り切る　　　　**4**. 正直に打ち明ける

(6) 解答 **4**. opt for　(訳) 最近、ますます多くの人が早期退職を**選択している**。

　1. 由来する　　　　　　**2**. 改良する　　　　**3**. ズルをする、裏切る　　**4**. 選ぶ

(7) 解答 **3**. pinned down　(訳) 警察はその犯罪の背後にある本当の原因を**突き止めた**。

　1. 強化した　　**2**. 踏みにじった　**3**. 押さえつけた、突き止めた　　　**4**. いじめた

(8) 解答 **2**. rooting for　(訳) スタジアムは地元のチームを**応援する**ファンでいっぱいだった。

　1. 提出している　**2**. 応援している　　**3**. 理解され始めている　　**4**. 取り除いている

(9) 解答 **4**. lagging behind　(訳) その国は教育において他国に**後れを取っている**と言われている。

　1. 侵入している　　　　　　　　**2**. 徐々に進んでいる

　3. 放出している、配っている　　**4**. 後れを取っている

(10) 解答 **1**. pull together

　(訳) プロジェクトを成功させるには全従業員が**協力する**必要がある。

　1. 協力する　　**2**. 密告する、体にこたえる　**3**. 終わらせる　　　**4**. 緩和する

▶▶▶ その他の必須句動詞を完全マスター！

最重要★★★	
☐ pass away at the age of 100	100歳で**亡くなる**
☐ get away from the old idea	その古い考えを**捨てる**
☐ stay [keep] away from cigarettes	タバコを吸わ**ないでいる**
☐ push [boss] him around	彼を**こき使う**
☐ stick [hang, sit] around for a while	しばらく**そこにいる**
☐ turn the economy around	経済を**好転させる**
☐ cannot get around to studying Chinese	中国語を勉強する**時間が**ない
☐ cut back (on) expenses	支出を**切り詰める**
☐ hold back my tears	涙を**抑える**
☐ take [draw] back my statement	発言を**撤回する**
☐ fall back on my family	家族に**頼る**
☐ go back on my promise	約束を**破る**
☐ The tickets are hard to come by.	そのチケットは**入手**困難だ。
☐ get by on a small income	わずかの収入で何とか**生活する**
☐ stand [stick] by my opinion	意見を**曲げない**
☐ The project fell through.	プロジェクトは**失敗した**。
☐ pull [get, come] through the crisis	危機を**乗り越える**
☐ go through the document	文書を**調べる**
☐ go along with the crowd	多数派の**意見に従う**
☐ What are you driving at?	何が**言いたい**のですか。
☐ Keep at it!	**あきらめずに頑張れ！**
☐ run [bump] into a classmate	クラスメートと**偶然出会う**
☐ come into a fortune	財産を**受け継ぐ**

☐ back away from the proposal	提案を**取り下げる**
☐ cast away my fears	恐怖心を**ぬぐい去る**
☐ file away documents	書類を**整理する**
☐ give away the secret	秘密を**ばらす**
☐ run away from my responsibility	責任を**逃れる**
☐ bring him around to my opinion	彼を説得して意見を**変えさせる**
☐ She's coming around.	彼女は**意識が戻って**きた。
☐ get [skirt] around the problem	その問題を**回避する**
☐ bounce back from a shock	ショックから**立ち直る**
☐ get back at the man	その男性に**仕返しをする**
☐ abide by the rules	規則に**従う**
☐ go by the name of Max	マックスという名前で**通っている**
☐ carry through the plan	プランを**やり遂げる**
☐ play along with my boss	上司に**合わせる**
☐ jump at the chance	チャンスに**飛びつく**
☐ tap into resources	資源を**利用する**

> 語い・句動詞 UP の
> 秘訣はフレーズを
> 年の数だけ音読！

いかがでしたか？　1～2日目で英検準1級の一つの山場である語い・基本動詞・句動詞はすべて終了です。あとは反復練習とピクチャーで一気にマスターしましょう！

2日目

基本動詞・句動詞

長文読解
① 空所補充
難 問 攻 略 法 は こ れ だ !

3 日目の動画をチェック！

QR コードをスキャンしよう！

読解問題の攻略法をマスター！

　英検準１級の英文読解問題は、**空所補充（250 語×２題）** と**内容一致（300 ～ 500 語×２題）** に分かれます。内容一致問題は、初めの２つの英文は３段落構成となっており、設問数はそれぞれ３問ですが、最後の英文は４段落構成で設問は４問あるので時間がかかります。１つの段落に対して原則として１つ問題が出題され、設問の順番と英文の位置も一致しているので、**１つの段落を読み終わったら、１問解く**といった順番で解くことができます。しかし、**１つ目の英文が 300 ～ 400 語程度、２つ目が 500 ～ 600 語程度**とだんだん分量が増えていくので、時間配分に注意しましょう。

　準１級では、大問２と３を合わせて、合計で **1700 ～ 1800 語**もの英文を読まなければなりません。また、それだけでなく、**英文で出てくる単語や設問の難易度も２級よりかなり高い**ので、同じペースで解くのも簡単なことではありません。

　さらに、エッセイライティングの分量も増加しているため、そこでも時間がかかります。それにも関わらず、大問１の語彙問題と大問２と３の英文問題とライティングを合わせた解答時間は２級が 85 分間なのに対し、準１級は 90 分間と **５分しか増えていません**。このことからも、２級に比べるとだいぶ時間が厳しい問題だということがおわかりいただけると思います。

　試験時間 90 分から逆算すると、大問２と大問３の**長文問題にかけられるのは、およそ 60 分間**です。各問題にかける目安時間は以下の通りです。

問題	問題数	目標解答時間
長文空所補充問題①	３問	**7〜8 分**
長文空所補充問題②	３問	**7〜8 分**
長文内容一致問題 A	３問	**10 分**
長文内容一致問題 B	３問	**15 分**
長文内容一致問題 C	４問	**20 分**

準1級は大学の中級レベルと位置づけられており、英文の難易度は、難関大学入試レベルです。内容は学術的な内容で、1級ほど語彙力が高くないものの、英字新聞や雑誌などに出てきそうなレベルの高い文章です。社会問題から科学技術に関するテーマまで幅広く出題されるので、さまざまなジャンルの英文を読み、スムーズに読めるようにしておくことが大切です。

　読解の方法に関して言えば、英文を後ろまで読んでから前に戻る、いわゆる「返り読み」は厳禁です。先ほども触れたように、時間が厳しいため、このような読み方をしていては全ての問題を解き切る時間がなくなってしまいます。英文を前から読む「直読直解」を心がけるとともに、「**スキミング**」や「**スキャニング**」といった**素早く解答を導くための読解テクニック**を駆使することも求められます。

　「スキミング」とは、文章をざっと読み、大まかな内容をつかむ読み方です。段落の要旨を答えるような問題の場合に役立つ読み方です。一方、「スキャニング」とは、拾い読みのことで、固有名詞や年代などを手がかりに、本文中から該当する部分を探し当てる読み方のことです。

　英文読解に関して、英検準1級の合格を勝ち取るためには**①語彙力を増やし、英文読解にかける時間を短縮する ②リーディング問題攻略のコツをつかみ、素早く解答を見つける** といったことができるようになる必要があります。

　それでは、次のページから大問2の空所補充問題と大問3の内容一致問題に分けて、それぞれの詳しい攻略ポイントと模擬問題を通じて実戦力をアップさせましょう。

空所補充型問題攻略法はこれだ！

　空所補充型長文問題を攻略するためのポイントについて確認していきましょう。英検準１級の空所補充型長文問題は、250 語程度の２つの長文で構成されており、問題はそれぞれ３問ずつあります。

　準１級の空所補充問題は、単純に前後の文のつながりを意識すれば対応できる２級レベルに比べると大きく難易度が UP しており、２級に合格したばかりの人ではなかなか正答率が伸びないといった声をよく聞きます。また、正解のポイントをつかんでいないために、偶然正解できた問題があったとしても、正答率が安定しないというケースも多いです。

　単語力・文法力が伴わないために正しく文章を読めないという問題は別として、以下の出題ポイントを頭に入れておくことで、正解を見つけやすくなります。

① 段落の最後まで読まないと正解にたどり着かない問題に要注意！

２級の問題に比べ、準１級の問題は空所の前後の文を読み比べただけでは正解を選ぶことができない場合が多いのです。一見すると良さそうな選択肢が、段落最後まで読むと辻褄が合わなくなるという問題があるので、**段落の最後まで読んでから最終的な決断を下す**ようにしましょう。

② ディスコースマーカーの知識も必要となる！

ディスコースマーカーとは、論理関係を作るつなぎ言葉のことです。For example や However など簡単なディスコースマーカーは２級や準２級でも問われますが、準１級レベルとなると、それだけでなく相当マイナーなディスコースマーカーが出題されるため、知識を増やす必要があります。例えば、**as a result** が「**その結果**」という意味だということは準１級受験者のほとんどがご存知だと思いますが、consequently も同じように結果を導くということはご存知でしょうか。準１級で合格点を取るためには、これくらいのレベルまで求められるのです。

また、for this reason, not surprisingly, in fact など、一見すると前後関係を読

みにくい選択肢が出題されることもあり、確信を持って解答をしにくい問題が多いのも準1級の特徴です（☞ディスコースマーカーについて、詳しくは82〜85ページ参照）。

また、空所補充問題では、「品詞」に注目することも大切で、

（☞ディスコースマーカーについて、詳しくは82〜85ページ参照）

1）等位接続詞は対等の語・文を結ぶ
2）従属接続詞は、後ろに SV を伴い、名詞のカタマリ（名詞節）や
　　副詞のカタマリ（副詞節）を作る
3）前置詞は後ろに名詞・動名詞を伴う
4）接続副詞は後ろに SV を伴う場合はコンマが必要で、文と文を結ぶ
　　ことができない

といった特徴をおさえることが重要です。

③ 単語の言い換えを見抜くこと！

空所補充、内容一致のいずれも英検準1級の長文問題では、**単語の言い換えに気づくことが解答の重要な決め手になることが多い**と言えます。また、単純に単語が類語で言い換えられているだけとは限りません。前で述べられていた文や句が単語で言い換えられるという場合もあります。それに気づいた上で、対比、因果などの関係性を考えることができれば、確信を持って解答できるようになります。

④ 文章の論理関係を理解し、推測する力を養う！

英検準1級の問題では、幅広く段落全体を見通して要約されている選択肢を選ぶという問題も出題されますし、明確な解答の根拠はないものの、文脈から考えて推測するという難問も出題されます。1文単位だけで英文を処理しているようでは、このような問題に対応することができません。幅広い視野を持って解答するように努めましょう。

空所補充型問題の出題傾向はこれだ！

　まず、過去 10 年で出題された英検準 1 級空所補充問題の英文ジャンルについて確認していきましょう。10 年分の分析をすると、以下のように科学＆自然、ビジネス＆経済、歴史・社会・文化の 3 つの分野に分類され、文系・理系バランスよくさまざまな文が出題されていることがわかります。

空所補充問題出題ジャンル

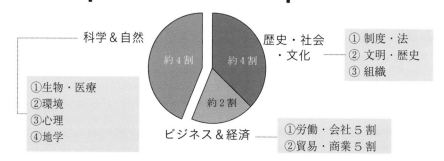

　科学＆自然が最も多いですが、歴史・社会・文化とビジネス＆経済の文系テーマを合わせると、こちらの方が多く出題されていることがわかります。

　それぞれの分野はさらに細かくカテゴリーに分類でき、「科学＆自然」ではストレスや脳科学などの医療分野や、大気汚染や動植物の絶滅といった動物や環境に関連した話題の頻度が高い傾向にあります。

　「歴史・社会・文化」については、都市問題など生活スタイルの変化、古代都市の歴史や文化、伝統行事など幅広く出題されています。

　最後に「ビジネス＆経済」では、職場での問題や最低賃金の変化といったテーマが出題されています。

　次に、設問パターンについて確認していきましょう。同様に過去 10 年の過去問を分析すると、右のようになります。

　「空所の直後の文から判断する」問題が最も多いことがわかりますが、そのほかにも「前後関係から判断する」問題や「2 文後ろから推測する」問題も数多く出題されていることがわかります。特に「2 文後ろから推測する」問題は、

空所付近を読んだだけでは解答が絞り込めないため、難易度が高くなる傾向があります。また、特定の箇所から解答を導き出すというよりは、広く段落のまとめとなっている選択肢を選ばせる問題もあり、2級で要求される読解力の水準をはるかに上回る問題が大半を占めます。

｜空所補充問題設問パターン｜

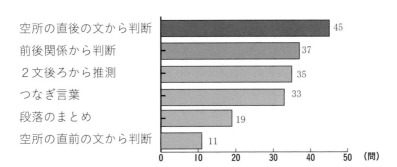

次ページでは空所補充問題の2大正解パターンを見てみましょう。

空所補充型問題２大正解パターンはこれだ！

　英検準１級の空所補充問題攻略法の第１歩は、①**ポジ・ネガ型**、②**接続型**、という２つの正解パターンをマスターすることです。これら２つのパターンを知っているだけで、楽に解けてしまう問題が結構多いのです。では、この２つの正解パターンをご説明しましょう。

▶▶▶ ① ポジ・ネガ型とは

　このパターンは最頻出で、まずは、パッセージを読みながら、空所には**ポジティブかネガティブのどちらの表現が入るのか**の、**おおまかな見極め**をしておきます。次に、**選択肢をポジかネガかに分けて**しまいます。すると、結構簡単に解答を絞り込める場合が多々あるのです！

　例えば「若くしてスポーツ種目を決めることの賛否」についての問題で、空所の前では「高校生アスリートの75％がポジティブな意見」、空所の後では「プロのアスリートの８割はネガティブな意見をもつ」と展開しています。この流れの中で、空所にあてはまる答えを考えてみましょう。

> This [positive] view (　　) professional athletes.
> この [肯定的な] 見方は、プロのスポーツ選手〜。

　空所にはネガティブな表現がくると予測をつけつつ、選択肢をチェックしてみましょう。

選択肢

1. **was less likely to be held by**（〜には支持されなかった）**ネガ**
2. **seems to be increasing among**（〜の間で増えているようだ）**ポジ**
3. **has been widely encouraged by**（〜から広く後押しされてきた）**ポジ**
4. **has led to criticism of**（〜への批判につながった）**ネガ**

　この場合、２と３は「ポジティブ」ですので、即座に除外します。残りの「ネガティブ」な選択肢１と４のうち、空所の直後の具体例に合致する**１が正解**となります。

▶▶▶ ② 接続型とは

　このパターンは「**因果型**」「**逆接型**」「**強調‐例証‐追加型**」の３つに分類されます。例えば、「イースター島の歴史」に関する問題では、空所の前に「イースター島で食糧をめぐる競争が激化した」とあり、空所の後は、「人口は 1600 年の１万５千人から、1722 年には 2,3 千人にまで減った」とあるので、空欄には【順接】の接続表現がくると予測できます。

選択肢

1. **Instead**（かわりに）【逆接型】
2. **On the other hand**（一方）【逆接型】
3. **Consequently**（結果として）【因果型】
4. **Even so**（だがそうだとしても）【逆接型】

選択肢を分類すると、３以外はすべて【逆接型】となっており、答えは即座に順接に合致する **3【因果型】**とわかります。

　このタイプの問題を解くには前後関係の広い範囲にまたがって読み比べる必要があり、また、文脈を示す接続語に精通しなければなりません。また、まれにそれらが省略され、間接的な表現に置き換えられている問題もあるので要注意です。以上の点を踏まえて、過去 10 年間の分析結果に基づき、ぜひ覚えていただきたいパターンとテクニックを紹介していきましょう。

3日目

長文読解①空所補充

「順接」を表す必須ディスコースマーカーはこれだ！

　順接表現には、次の6つのパターンがあります。空所補充問題、内容一致問題の双方で非常に重要な要となる表現ですので、しっかりマスターしましょう！

①〈抽象概念〉から〈具体例〉への展開に慣れる！

for instance(例えば), like 〜 (〜のような), such as(例えば) など

筆者の主張から始まり、その根拠となる具体例が続く典型的なパターン！

②〈因果関係〉をチェック！

because, since, as, hence, the reason is that, consequently など

原因や結果的な内容が続くパターン。英検準1級では、**原因**が問われることが多いです。因果関係を表す語句が含まれている文を、特に丁寧に読みましょう！

③〈強調パターン〉に注目しよう！

in fact(実際には), indeed(実際には), actually(事実上),
as a matter of fact(実際のところ), in truth(実際) など

これらの表現の後に「**筆者が最も強調したい内容**」が来ることが多く、問題のanswer part になる可能性大！

④〈追加パターン〉を見逃すな！

furthermore(さらには), additionally(付け加えると),
moreover(その上), similarly(同様に), at the same time(同時に) など

前の内容に追加補足したいときに使います。これらの表現の前後は、同じ重みをもっています。

⑤ 〈研究論文の定型パターン〉を知ろう！

surprisingly(驚くべきことに), not surprisingly(驚くことではないが),

prove 〜 (〜が証明される) など

論説文、特に研究・調査に関する論文などで頻出の表現。研究論文では、**「研究内容」⇒「研究結果」**の順に配列されているのが定番ですが、これらの**表現の前には、「研究内容」**が、後には、**「発見事項」**や**「研究結果」**がきます。設問では、「発見事項」とともに「研究内容」もよく出題されますので、これらの表現の前後は、特に注目して読みましょう！

⑥ 〈現状問題〉と〈対策〉の関係を予測しよう！

◎ 対策を表す表現

To deal with the problem(その問題に対処する),

The solution to 〜 (〜に対する解決策),

a potential solution(解決策になり得るもの) などや,

◎ 対応策の課題や障害を表す表現

an additional obstacle(さらなる障害),

To make matters worse(状況がさらに悪化する),

create another problem(別の問題を生む) など

これらの表現が出てきたら、そこで述べられている「問題・課題とその対策」に注目しましょう！ いずれも answer part になる可能性大！

「逆接」を表す必須ディスコースマーカーはこれだ！

　逆接表現にも多様なパターンがあり、これらの使い方を知っていると、空欄補充・内容一致問題双方で非常に役立ちます。では、5つのパターンを、順にみてみましょう。

① ☐A☐ と ☐B☐ とで正反対のことが述べられている逆接の基本形！

but, however, although, though, yet, still, nevertheless など

これらの表現の直後に、「筆者の主張」が来る可能性大で最頻出！ Answer part になる可能性も大です！

②〈世間一般論〉から〈独自の意見〉への流れをつかむ！

generally believed 〜（普通〜と信じられている）や
people say that 〜（人々が言うには〜）など

冒頭部分でこれらから始まる文章が多く、**次に必ず逆の意見が続く**のが大原則。世間一般の認識との違いを強調することで、筆者の意見に独自性を持たせることができる方法。**「筆者の意見」は非常によく問われるので、逆接表現以下の内容に注目！**

③〈過去〉と〈現在〉の対比関係を見抜く！

in the past（過去に）や in those days（当時）や
used to 〜（かつて〜であった）など

これらの過去を表す表現は、now（現在）や recently（最近では）などとセットで使われることが多く、**過去と現在を対比**させて述べる際に使います。ちなみに used to 〜は、"**現在では行われていない**"ことを意味します！
読解では、「過去の出来事・対応策」と「現在の出来事・問題・対応策」を対比させる問題が頻出なので、こういった表現は要注目！

④〈２者間の対立関係〉を見抜く！

in contrast, despite ～ , while［whereas］など（＋上述①の表現）

２者の対立表現は頻繁に論説文で出題され、どちらか一方、もしくは両者の意見が問われます。これらの表現の前後では、**主語・動詞・目的語などが対立**していますので、注意しながら読みましょう！

⑤〈隠れた対立関係〉を見抜こう！

in fact(しかし実際には), unfortunately(だが不幸なことに),
even so(だがそうだとしても), ironically(だが皮肉なことに),
unexpectedly(ところが意外なことに), to ～ (一方で～にとっては)、
instead(だがその代わりに) など

ハイレベルな問題では、空所の前後に but や however といったお馴染みの逆接表現が見当たらず、これらの表現に置き換わっているので、見落とさないようにしましょう。ちなみに、in fact は、順接「実際は」でも、逆接でも使われる表現です。but in fact「しかし実際は」は「逆接」とすぐにわかりますが、but が省略されている場合の in fact は「順接」か「逆接」かの見極めを慎重に！

　以上のような論理展開を意識しながら英文を読み解くことによって、問題処理能力がグーンとアップされ、空所補充・内容一致問題を楽に解くことができるようになります。それでは、空所補充型読解問題の模擬試験にチャレンジしていただきましょう。

Procrastination

Procrastination means taking too much time to start or complete an urgent task. It can be seen among people of all ages, especially among students. In most cases, procrastination is regarded as (①). Point ① -1 In fact, most people miss a deadline by doing pleasurable things until the last minute. Point ① -2 However, this symptom sometimes leads to significant problems, such as deteriorating personal relationships or ill-health, because those who procrastinate suffer from continual stress and a sense of guilt.

The main cause of procrastination is sometimes said to be anxiety. Point ② -1 If you want to do everything perfectly, you feel anxious and hesitate to do it. (②), Point ② -2 studies show that highly decisive people are unwilling to start when they feel anxious, though indecisive people consider anxiety as a stimulus for getting started. It is said that decisive people tend to delay their action because of their idealistic tendency.

So far, researchers have tried various ways to tackle this problem. Among them, cognitive behavior therapy (CBT) is attracting attention. CBT is conducted by professional therapists and it (③). Being treated by a therapist is effective because those who suffer from procrastination have difficulty in controling themselves. Point ③ -1 Additionally, CBT can be delivered online, which saves labor costs. Therefore, though there are still many other things to be done, Point ③ -2 CBT is expected to be widely practiced around the world.

(1)

1. no more serious than poor time-management
2. a serious habit lasting for many years
3. a form of behavior rarely seen in daily life
4. something related to the lifestyle of a child

(2)

1. On the other hand
2. What is more
3. In fact
4. Consequently

(3)

1. takes only a few minutes for treatment
2. is the best treatment
3. is aimed at changing somebody's lifestyle
4. can be offered cheaply

Point ①　ポジ・ネガ型

肯定的な内容か否定的な内容かで選択肢を判断できる問題は比較的解きやすいと言えるが、英検準１級レベルの問題では、**直後にヒントがあるとは限らないので、空所を含む段落を全て読んでから答えを決めるべし！**
空所以降の流れは次の通り。

空所の文：	先延ばしは（　　　）と見なされる
Point ①-１：	実際、先送りにして締め切りに間に合わない人がいる
Point ①-２：	しかし、この症状は深刻な問題になることがある

☞ Point ①-1 までしか読まないと、マイナス内容の 2 が正解のように思うかもしれない。

☞ さらに Point ①-2 まで読むと、空所には「大したことのない問題」というような**ポジティブな内容がふさわしい**ことがわかるので、**1 が正解。**

Point ②　接続型

ディスコースマーカーの問題は、前後の内容をよく見比べることが正解への鍵となる。**空所の前だけを読んで、意味のつながりそうな選択肢を選んではダメ！**
空所の前後の関係を確認すると、次の通り。

Point ②-１：完璧にしようとすると、心配して行動をためらうようになる

Point ②-２：決断力のある人は心配によって行動をためらいがちになるが、決断力のない人に心配を励みと見なす

☞ 準１級レベルになると、単純に空所の前を肯定したり否定したりするばかりではなくなる。

☞ 本問では、空所前の内容を後ろで部分的に肯定・否定しており、この関係をつなぐのにふさわしい **3 が正解**。正解の In fact は前の内容を強調して**「実際に」**という意味。

☞ 1 On the other hand（他方で）は対比関係を表すので、一部肯定している場合にはふさわしくない。4 Consequently は、（その結果）=as a result や（したがって）=therefore という意味。

Point③　推測・裏返し型

手がかりとなる部分を裏返すなど推測する必要のあるタイプの問題。文章をそのまま言い換えたわけではないので、**難問**となることが多い。以下の２点が本問のヒントとなる。

Point③-1：　　CBT の治療は、人件費を削減することができる

Point③-2：　　世界中で広く実施されることが期待されている

☞ この２点を踏まえると、「CBT は対面型の治療に比べて安価で提供できる」と推測できる。したがって、**4 が正解。**

語注

☐ procrastination　先延ばしにすること

☐ urgent　至急の、緊急の

☐ no more A than B　A でないのは B と同じ、B と同様に A でない

☐ time-management　時間管理

☐ deadline　締切り

☐ symptom　症状

☐ deteriorate　〜を悪化する

☐ continual　断続的な

☐ anxiety　心配、不安

☐ decisive　決断力のある、断固とした

☐ unwilling　気が進まない、気乗りしない

☐ idealistic tendency　理想主義的な傾向

☐ congnitive behavior therapy　認知行動療法

☐ pleasurable　楽しい、愉快な

☐ significant　重大な

☐ ill-health　体調不調

☐ sense of guilt　罪悪感

☐ hesitate　躊躇する、ためらう

☐ stimulus　刺激、励み

問題文の訳　　　　　　　　　先延ばし

　先延ばしとは、急ぎの仕事を始めたり終えたりするのに、時間をかけ過ぎることを意味します。このようなことは、すべての年代の人に見られ、特に学生に多く見られます。多くの場合、先延ばしは、時間管理が下手なことと同様にそれほど深刻でないとみなされます。実は、ほとんどの人は、土壇場になるまで楽しいことをして締切りに間に合わなくなって

しまうことがよくあります。しかし、先延ばしをする人は、断続的なストレスと罪悪感に悩まされるため、このような症状は、人間関係の悪化や体調不良など、重大な問題につながる場合もあります。

　先延ばしの主な原因は、心配することであると言われることがあります。すべてのことを完璧にしようとすると、心配になって、行動をためらうでしょう。事実、研究調査によると、決断力があまりない人は、何かを始めるのに心配を励みと見なす一方、決断力が非常に強い人は、心配がある時は、行動を始めるのをためらうということを示しています。決断力がある人は、理想主義的な傾向のために遅れがちになると言われています。

　研究者たちはこれまでに、この問題に取り組むため、さまざまな方法を試してきました。中でも、認知行動療法（CBT）は、注目を集めています。CBT は、プロの療法士が実施するもので、安価で提供することができます。先延ばし症状を患う人は、自分自身を管理することが困難であるため、療法士に治療してもらうことは効果的です。さらに、CBT は、オンラインでの提供も可能なため、人件費を節約することができます。したがって、まだまだ他にもたくさんすべきことはありますが、CBT は世界中で広く実施されることが期待されています。

空所補充型問題解答

解答 **(1)**　**1**. no more serious than poor time-management

選択肢の訳　**1**. 時間管理が下手なことと同様に深刻でない

　　2. 何年も続く深刻な習慣

　　3. 日常生活では滅多に見られない行動

　　4. 子供の生活習慣に関連するもの

解答の根拠となる部分の確認を怠らない！
解答のヒントは直後にあるとは限らない！空所を含む段落は全て読んでから答えを確定させること。

解答 **(2)**　**3**. In fact

選択肢の訳　**1**. 他方で

　　2. さらに

　　3. 実際は

　　4. その結果、したがって

ディスコースマーカーの働きに注意！

論理関係を表すディスコースマーカーは、準1級レベルでは簡単なものは正解になりにくい。ややマイナーなものも含めて全て頭に入れておく必要がある！

解答 **(3)**　**4**. can be offered cheaply

選択肢の訳 **1**. 治療にほんの2〜3分しかかからない

　　　　　2. 最高の治療である

　　　　　3. 生活習慣を変えることを目的としている

　　　　　4. 安価で提供することができる

推測型の問題に要注意！

筆者の主張や文と文の関係性を考えながら読むことで、推測する力が養われる！

▶▶▶ 読解問題対策必須「文化」語彙をマスター！

☐ aborigine（一国・一地方の）先住民（Aborigine は「オーストラリア先住民」）

☐ anthropology　　　　　　　　　　人類学（archaeology は「考古学」）

☐ a theater intermission　　　　　　　　　　　　　　　劇の合間

☐ chronological order　　　　　　　　　　　　　　　　　年代順

☐ creationism　創造説（神の天地創造を主張、進化論《evolutionism》を否定）

☐ cultural diversity　　　　　　　　　　　　　　　　文化的多様性

☐ fundamentalism　　原理主義（イスラム教の集団に対してよく用いられる）

☐ an intangible cultural asset　　　　　　　　　　　　　無形文化財

☐ the Pope　　　　　　　　　　　　　　　　ローマ教皇 [法王]

☐ a Protestant denomination　　　　　　　　　　　　プロテスタント派

☐ an art exhibition　　　　　　美術展（life-size statue は「実物大の像」）

☐ leaflet / flier　　　　　チラシ（leaflet は「小冊子」の意味もある）

☐ a capacity crowd　　　　　　　　　　　　　　　　　超満員客

☐ a glass ceiling　　　　　　　　　　　　　昇進を妨げる見えない壁

☐ peer pressure　　　　　　　　　　　　仲間 [周囲] からの圧力

The role of Fungi

There are innumerable types of fungi across the world and some of them produce bodies known as mushrooms. Fungi have played a significant role for all living creatures on earth. (　①　) being a rich source of nutrients, they help maintain ecosystems by turning fallen trees or dead animals into substances which are useful for growing plants. Therefore, most ecologists recognize that a forest's health depends largely on the presence of sufficient fungi.

Since ancient times, fungi have always supported humans as medicines. For example, penicillin, which was discovered by Alexander Fleming in 1929, is derived from Penicillium fungi. Nowadays, fungi attract public attention because of their ability to (　②　). Researchers have found that fungi can decompose various substances, including oil, plastic, and even radioactive materials. The discovery is significant because we have not yet developed a machine capable of breaking down these substances.

Fungi, with countless other applications, contribute to the preservation of the earth. However, in order to take full advantage of these organisms, it will be necessary to (　③　). Imagine that fungi are used for construction materials. They do not produce any harmful waste but produce soft, light, durable materials that absorb heat and sound. However, it will be difficult to make it a reality because most people consider fungi as sticky, dirty, and disgusting. After all, very few people could live comfortably in a house made of fungi.

(1)
1. In case of
2. In spite of
3. Aside from
4. Far from

(2)
1. clean the environment
2. create new medicines
3. produce natural resources
4. make the soil richer

(3)
1. put fungi to practical use
2. think about other uses
3. be careful about the dangers
4. eliminate a mental block

問題文の訳　　　　　　　　　　菌類の役割

　世界には、無数の種類の菌類が存在し、きのことして知られる物体を形成するものもあります。菌類は、地球上のすべての動物にとって重要な役割をしています。豊かな栄養源であることとは別に、倒れた木や死んだ動物を植物の成長に有益な物質に変えることで、生態系の維持に役立っています。したがって、ほとんどの生態学者は、森林の健康状態は主に菌類が豊富にあるかどうかにかかっていると認識しています。

　古代から、菌類は常に薬として私たちをサポートしてきました。例えば、1929 年にアレキサンダー・フレミングによって発見されたペニシリンは、青カビ菌に由来しています。今では、菌類は私たちの環境を清潔にする能力という点で注目されています。研究者たちは、菌類は、石油、プラスチック、放射性物質などさまざまな物質を分解することができることを発見しました。この発見が重要なのは、このような物質を分解できる機械はいまだ開発されていないからです。

　菌類には、他にも数えきれないほどの応用の可能性があり、地球の保全に貢献しています。しかし、菌類を完全に利用するためには、精神的な障壁を除去しなければなりません。菌

類が建設材料に使用されることを想像してみてください。菌類は、有害廃棄物を発生させず、菌類でできた材料は、柔らかく、軽くて耐久性があり、熱や音を吸収します。しかし、ほとんどの人が菌類を、ねばねばして汚れていて、気持ち悪いものだと思っているため、それを実現することは難しいでしょう。結局、菌類でできた家で快適に住むことができるのは、ほんのわずかな人たちだけなのです。

空所補充型問題解答

解答 (1) **3**. Aside from

選択肢の訳 **1**. 〜の場合に備えて、〜の場合は

2. 〜にもかかわらず

3. 〜は別として

4. 〜から離れて、決して〜でない

☞ 空所の直後は「栄養源である」とあるが、コンマの後ろは「生態系の維持に役立つ」とある。このような異なるカテゴリーの内容をつなぐことができる接続表現 3 が正解。

> **接続型に要注意！**
> 準1級では、単純な順接・逆接以外の接続語句への対応力も問われる！

解答 (2) **1**. clean the environment

選択肢の訳 **1**. 環境を清潔にする

2. 新しい薬を作り出す

3. 天然資源を生産する

4. 土を肥沃にさせる

☞ 空所の次の文に注目。「石油やプラスチック、放射性物質などさまざまな物質を分解することができる」とあるので、それをサマリーした 1 が正解。段落の冒頭は薬に関する話題だが、3 文目の Nowadays から話題が変化していることに注意しなければならない。

解答 **(3) 4.** eliminate a mental block

選択肢の訳 **1.** 菌類を実用化する

2. 別の用途について考える

3. 危険性について注意する

4. 精神的な障壁を除去する

☞ 空所の前の文は菌類応用の可能性についてポジティブな内容になっている。次の However を含む文では "it will be necessary to~（〜しなければならない）" とあり、菌類利用の条件を書く必要がある。その条件が書かれているのがその次の However, 以降で、「人々は菌類に悪いイメージを持っているので、すぐに導入するのが難しい」とネガティブな内容が書かれている。この悪いイメージを払拭しなければならないので、4 が正解と判断する。

▶▶▶ 読解問題対策必須「経済・金融」語彙をマスター！

☐ austerity measures /a belt-tightening policy　　　　金融引き締め政策

☐ assets and liabilities　　　　資産と負債

☐ balance of payments　　　　国際収支

☐ foreign exchange rates　外国為替レート（foreign reserve は「外貨準備」）

☐ an import quota　　　　輸入割当

☐ commodity prices　　　　物価

☐ creditor　債権者⇔ debtor（債務者）

☐ default in payment　　　　支払いの不履行（insolvency は「支払い不能」）

☐ fiscal policy　　　　財政政策（monetary policy は「金融政策」）

☐ insurance coverage　保険金（an insurance premium は「保険の掛け金」）

☐ per capita income　　　　一人当たり所得

☐ inheritance tax　　　　相続税

☐ tax revenue　　　　税収（a spouse tax deduction は「配偶者税控除」）

☐ tax evasion 脱税（a tax haven は「租税回避地」、a tax break は「税優遇措置」）

☐ trade liberalization　　貿易自由化（protectionism は「保護貿易主義」）

☐ the Trans-Pacific Partnership[TPP]　　　環太平洋パートナーシップ協定

☐ a trade surplus [deficit]　　　　貿易黒字 [赤字]

☐ the appreciation of the yen / the yen's appreciation　　　　円高
　　（the depreciation of the yen は「円安」）

▶▶▶ 読解問題対策必須「ビジネス・オフィス」語彙をマスター！

☐ an affiliated company　　関連会社（a foreign affiliate は「外資系企業」）

☐ an aptitude test　　　　適性検査

☐ an around-the-clock operation　　　　24 時間営業

☐ assembly plant　　　組立工場（an assembly line は「組立ライン」）

☐ a board of directors　　　役員会（a board of trustees は「理事会」）

☐ a business transaction　　　　商取引

☐ a checking account 当座預金口座

☐ a classified ad 求人広告

☐ a commission / percentage / handling charge 手数料

☐ a defective product 欠陥商品・不良品

☐ disposable income 可処分所得（royalty income は「印税収入」）

☐ a down payment 頭金

☐ a forwarding address 転送先（shipping costs は「運送費」）

☐ fringe benefits 付加給付（perquisite は「役得」、incentives は「報奨金」）

☐ hands-on [on-the-job] training 実地訓練

☐ an installment plan 分割払い（a lump-sum payment は「一括払い」）

☐ an inventory 在庫（a clearance sale は「処分セール」）

☐ a job applicant 求職者（a job opening は「就職口」）

☐ a labor [trade] union 労働組合（walkout は「ストライキ」）

☐ mandatory retirement 定年退職

☐ (the) seniority system 年功序列制度（lifetime employment は「終身雇用」）

☐ maternity leave 母親の産休（paternity leave は「父親の育休」）

☐ a minimum wage 最低賃金（an overtime allowance は「残業手当」）

☐ a mail-order business 通信販売業

☐ mergers and acquisitions 吸収合併（takeover は「企業の乗っ取り」）

☐ a mortgage payment 家 [不動産] のローンの支払い

☐ a [the] night shift 夜勤（a work shift は「交代制勤務」）

☐ office supplies 事務用備品

☐ a one-year warranty 1 年間保証（a money-back guarantee は「返金保証」）

☐ pharmaceutical companies 製薬会社（the textile industry は「繊維工業」）

☐ precision machinery 精密機械

☐ a real-estate agent [realtor] 不動産業者

☐ a retail outlet 小売販売店（wholesale store は「卸問屋」）

☐ a securities company 証券会社

☐ dairy farming 酪農業（dairy product [produce] は「乳製品」）

☐ the knowledge-intensive industry　　　　　　　　　知識集約型産業

　（the capital-intensive industry は「資本集約型産業」）

☐ the primary industry　第一次産業（the tertiary industry は「第三次産業」）

☐ surface mail　　　　　　　　　　　　船便（express mail は「速達」）

☐ the accounting department　　　　　　　　　　　　　　経理部

　（the human resources department は「人事部」）

a retail outlet 小売販売店

Agricultural robot

Agricultural sectors around the world have become more concerned about the lack of labor than ever before. Due to aging populations, developed countries dependent on immigrant workers are struggling to increase their labor force. On the other hand, developing countries have the problem of overpopulation, with a decline in their food self-sufficientry rate. In Sub-Saharan Africa, the population is expected to increase to around 2 billion by 2050. Therefore, modern food production methods will (①). Facing these problems, farmers are turning to new agricultural machinery capable of harvesting crops more efficiently.

Modern technology has already developed some agricultural robots which can assist farmers at various stages. However, the problem is that (②). In fact, it is a daunting challenge to overcome many hurdles. For example, robots have to identify whether the crops are ripe enough or not. In addition, they have to pick fruits and vegetables without damaging them. Despite these challenges, some companies have continued to develolp agricultural robots, in order to improve the work efficiency.

One of the most noteworthy agricultural robots of this century is a drone. In order to check the state of the plants, farmers have mainly employed satellite systems, which are susceptible to weather conditions and slow to send images to farmers. (③), drones can record and send images easily by using sensors. Therefore, they are expected to make a marked improvement in work efficiency and alleviate those problems.

(1)

1. enable us to produce necessary crops

2. overcome problems of overpopulation

3. be unable to solve these problems

4. need a complete change

(2)

1. robots are too expensive

2. few robots can harvest plants

3. most robots are not environmentally-friendly

4. robots frequently break down

(3)

1. By contrast

2. As a result

3. In other words

4. Additionally

農業ロボット

　世界中の農業部門では、かつてないほど労働力不足についての懸念が高まっています。人口の高齢化のために、移民労働者に依存している先進国は、労働力を増すことに悪戦苦闘しています。一方で、発展途上国では、人口過剰という問題をかかえ、食料自給率は低下しています。サハラ以南のアフリカでは、人口は2050年までに約20億人に増加すると推定されています。したがって、現代の食糧生産方法は完全に変わる必要があります。このような問題に直面し、農業従事者は、作物をもっと効率的に収穫することができる新しい農業機械に目を向けています。

　現代の技術によって、さまざまな段階で農業従事者を助けることのできるいくつかの農業ロボットがすでに開発されています。しかし、問題は、作物を収穫できるロボットはほとんどないことです。実際、多くの障害を乗り越えることは非常に困難です。例えばロボットは、作物が十分に熟しているかどうかを明らかにする必要があります。さらに、野菜や果物を傷つけずに収穫しなければなりません。これらの困難にもかかわらず、一部の企業は作業効率を改善するために農業ロボットを開発し続けてきました。

　今世紀で最も注目すべき農業ロボットの一つがドローンです。植物の状態を確認するために、農業従事者は主に衛星システムを使用してきましたが、それは天候に影響されやすく、画像の送信に時間がかかっていました。対照的に、ドローンは、センサーを使用して

画像を簡単に記録し、送信することができます。したがって、作業効率を著しく向上させ、そういった問題を軽減すると期待されています。

空所補充型問題解答

解答 (1) **4**. need a complete change

選択肢の訳 **1**. 必要な作物を生産することを可能にする

　　　　　 2. 人口過多の問題を乗り越える

　　　　　 3. これらの問題を解決することができない

　　　　　 4. 完全な変化を必要とする

☞ これはポジ・ネガ型の問題で冒頭から空所の直前まで、先進国では人手不足の問題、発展途上国では人口の急増や食料自給率の低下などマイナスの内容が書かれている。空所を含む文の冒頭は結論を導くキーワード Therefore なので、空所にもマイナスの内容が入ると推測できるので、プラスの内容の1や2は消去できる。直後の new agricultural machinery もヒントに考えると、「現代の食糧生産方法は完全に変わる必要がある」と考えるのが適当なので、4 が正解と判断する。3 はマイナスの内容だが、解決策である農業機械について書かれている後ろの文とつながらない。

結論を導くキーワードに注意！

結論を導くキーワードの後ろは、前の内容のまとめが書かれている。

解答 (2) **2**. few robots can harvest plants

選択肢の訳 **1**. ロボットはあまりに高すぎる

　　　　　 2. 作物を収穫できるロボットはほとんどない

　　　　　 3. ほとんどのロボットは環境に優しくない

　　　　　 4. ロボットは頻繁に壊れる

☞ 空所の前は the problem is that となっているので、問題点の手がかりを探しながら読む。すると、空所の2文後ろの For example 以下に①作物が十分に熟しているか明らかにしなければならないこと、②野菜や果物を傷つけずに収穫しなければならないことが書かれており、これらの問題点をサマリーした2が正解。本文中の pick up が harvest、crops や fruits and vegetables が plants と言い換

えられていることに気づくのがポイント。

具体例のサマリー型

具体例が書かれている部分がまとめられた選択肢は正解となることが多い！

解答 **(3) 1**. By contrast

選択肢の訳 **1**. 対照的に

2. その結果

3. 言い換えると

4. さらに

☞ 空所の前は、これまでは衛星システムが農業で用いられてきたが、問題があったことが書かれている。一方、空所の後ろは、話題がドローンの内容に変わっており、衛星システムの問題が解消できる内容となっている。したがって、「対照」を表し、接続する 1 が正解と判断する。

接続型は、空所の前後の内容に注意！

空所の前後で話題が変化していないか確認すること。変化していた場合、「逆接」が入る可能性大！

長文読解
② 内容一致

難 問 攻 略 法 は こ れ だ！

4日目の動画をチェック！

QR コードをスキャンしよう！

内容一致型問題攻略法

　英検準1級の内容一致型長文問題は、3つの長文問題で構成されていますが、大問3－Aが300語程度、3－Bが400語程度、3－Cが500〜600語程度と分かれています。順番に解いていくと、3つ目の長文は集中力が切れてきたタイミングで最も長い長文に取り組まなければならないため、普段からある程度の長さの長文を読むことは苦にならないように、英文を読むことを日課としましょう。

　では、内容一致型問題を攻略するための2つのポイントを見ていきましょう。

▶▶▶ 1.「内容一致型問題の3つの正解パターン」をマスター！

　英検準1級の内容一致問題をスムーズに解くには、以下のような3つの正解の選択肢のパターンをつかんでおくことが最重要です。正解選択肢は、本文の語句がそのまま使用されることはなく、受験者に正解だと気づかせないために非常に巧妙に作られています。これを逆手に取り、パターンを知った上で試験に臨むことは大切です。

　では、英検準1級の「内容一致」読解問題の3つの正解パターンをご紹介しましょう！

「内容一致」型読解問題の3つの正解パターン

① **類語言い換え型**（語句レベルの簡単なリフレーズ）
② **サマリー・一般化型**（具体例の key idea 化、複数文の要約）
③ **行間読み・裏返し型**（類推を含めた行間把握、視点切り返し）

---

①類語言い換え型

英検準1級では、どの問題においても必ず出題されており、**内容一致問題の最も典型的なパターン**と言えます。本文の語句が正解の選択肢にそのまま使われることはほとんどなく、**別の似通った表現で言い換え**られていることを見抜く

には、英英辞典はもちろん、**類語辞典**を見たり、**類義語をグループ分けしてノートに整理**したりしながら、日頃からボキャビルをして**リフレーズに慣れておく**必要があります。例を見てみましょう。

◎類語言い換え型の例

☐ **Voluntourism offer opportunities to** gain praise on social media **websites for providing aid to people who live in poverty.**（ボランティアツアーは、貧しい人々に援助の手を差し伸べたと、ソーシャルメディアで称賛される機会を与える）

正解は
こうなる → **The participants in voluntourism can be motivated by** the online recognition they will gain **for helping those who are less fortunate.**
（ボランティアツアー参加者は、裕福でない人を助けたことをネット上で認められることが動機づけとなっている）

☞ gain praise on social media を online recognition they will gain に、people who live in poverty を those who are less fortunate で言い換えている！

☐ **Usable parts of airplanes are** removed **and recycled for use in active-duty planes at air bases.**（航空機の使用可能な部品は除去され、空軍基地で活動中の航空機に使うため、リサイクルされる）

正解は
こうなる → **They are** taken apart **so that certain parts can be installed in military planes that are currently in use.**（特定の部品を現在使用中の軍用飛行機に装着できるように、それらは取り外されている）

☞ removed を taken apart に、recycled for use in active-duty planes at air bases を installed in military planes that are currently in use に言い換えている！

☐ **Measuring the amount and type of toxic substances is an easy way to identify and trace airborne environmental threats.**（有毒物質の量と型をはかることは、空中の環境上の脅威を特定し、追跡する簡単な方法である）

正解は
こうなる → **The samples gave authorities data necessary to** locate **the source of toxic chemicals in the city's air.**（サンプルによって当局は都市の空気中にある有毒科学物質源を特定するのに必要なデータを手に入れることができる）

☞　　identify and trace を locate に、airborne environmental threats を the source of toxic chemicals in the city's air に言い換えている！

②サマリー・一般化型

パッセージの中の具体的な例は、選択肢でそのまま使うことはほぼ皆無で、**要約・一般化（概念化・抽象化）**したものがよく見られます。例えば the no-car zone would keep away potential customers（車両禁止区域が潜在顧客を遠ざける）という具体事例は、選択肢では、would have a negative economic effect on the area（その区域に経済的にマイナス効果を与える）と概念化して出題されます。この問題パターンに慣れるには、**「具体事例⇒抽象」**への置き換え練習をする必要があります。実際には③との複合型で出題されていることが多く、最も標準的なパターンと言えます。

いわゆる難解な問題では、**複数の文**もしくは**1つの段落全体の要約**を選択肢にしている場合で、これに対処するには、普段のリーディング学習で**段落ごとのメインポイントを30語前後の英語で発信する**練習を取り入れるとよいでしょう。

◎サマリー・一般化型の例

□ **The immigration authority offers lifetime visas and has made it easier to obtain a passport.**（入国管理局が、終身ビザを発行しており、パスポート取得を容易にした。）

正解は
こうなる → **Changing immigration laws allowed those people descent to settle there with less difficulty.**（人々が定住しやすいように移民法を改正した）と抽象化している。

□ **Unfortunately, technological limitations mean the robot can only climb slowly — unlike the gecko, which can climb very quickly.**（残念なことに、非常にすばやく這い上がる自然界のヤモリとはちがい、ロボットは技術的な限界のせいで、ゆっくりとしか上ることができない）

正解は
こうなる → **Current levels of technology can prevent researchers from**

producing designs as effective as those found in nature.（現在の技術レベルでは、研究者は自然界でみられるような効果的なデザインを生み出すことはできない）

☞ prevent A from B を使って言い換え、ロボットとヤモリを technology や those [designs] found in nature と一般概念化。

□ **Engineers have made changes to plane design, such as the addition of systems that allow pilots to do things like stopping the flow of fuel if engines catch fire.** (エンジンが発火した場合に、パイロットが燃料の流れを停止させることができるシステムを追加するなど、技術者は飛行機の設計に変更を加えてきた)

正解は
こうなる → **Today pilots have better options in case of emergencies to reduce potential harm.**（現在では、パイロットは緊急時の危険を軽減するための、よりよい選択肢が与えられている）

☞ if engines catch fire（エンジン発火時）を in case of emergencies（緊急時）に、the addition of systems that allow pilots to do things like stopping the flow of fuel を have better options に一般化。

③ 行間読み・裏返し型

本文に直接書かれていない**内容を推論**して解かなければならない**超難問パターン**だと言えます。この設問では infer, suggest, imply, indicate のような「**ほのめかす」「示唆する」系**の語が使われているのが特徴で、国語力が問われており、**論理の飛躍**（leap in logic）に気をつけて推し量るようにしなければなりません。また、**裏返し型**とは、例えば「当時までの考えは主流ではなかった」を「当時からやっとその考えが受け入れられた」としたりするように裏返して解釈するパターンです。

◎行間読み・裏返し型の例
□ **It could only enforce the laws, which require pollution control only if a**

plant emits more than five tons of a pollutant annually.（工場がある汚染物質を年間 5 トン以上排出している場合のみ、汚染規制を課す法律が適用できた）

正解は
こうなる → **The facilities were releasing pollutants in amounts that were too small to be covered by existing regulations.**（施設が排出する汚染物質量はあまりにも少ないため、現在の法令ではカバーできなかった）

☞ 「5 トン以上排出している場合のみ法律適用」を裏返して「排出量があまりにも少なく、法が適用できない」と表現したものが正解。

☐ **Only the animals that matched their environments survived.**（環境に合致した動物だけが生き残った）

正解は
こうなる → **Animals died out when they did not fit their environment.**（環境にフィットしないとき、動物は死滅した）

☞ 「環境に合致した～は…した」⇒「環境にフィットしないとき…した」に裏返している。

☐ **Instead of focusing on short-term efforts, foreign volunteers could teach best practices to the local medical stuff and develop ongoing collaborations that would allow for continuing support.**（外国人ボランティア達は、地元の医療スタッフに最高の医療を教え、短期的取り組みに集中するのではなく、継続支援のための協力体制を進める）

正解は
こうなる → **Volunteers should change their focus to long-term efforts that will improve the skills of local workers.**（ボランティアは、地元ワーカーの技術向上のための長期の取り組みに焦点を絞っていくべきだ）

☞ teach best practices to their local medical staff（地元の医療スタッフに最善の医療を教える）を improve the skills of local workers（地元のワーカーの技術を向上させる）に「類語言い換え」し、かつ、instead of focusing on short-term efforts（短期的取り組みに集中するのではなく）を focus to long-term efforts（長期努力に集中する）に「行間言い換え」をしている複合型！

▶▶▶ 2. 内容一致問題　ディストラクター（誤答）に注意！

　内容一致問題の選択肢の中で、特にトリッキーなものをディストラクターと言います。このディストラクターの罠にはまらないようにするために、ぜひ知っていただきたい3大パターンをご紹介します。

「内容一致」読解問題の3大ディストラクターはこれだ！

① **「すり替え」型**（Partial Distortion）
② **「言いすぎ」型**（Overstatement / Categorical Statement Trick）
③ **「無言及」型**（No Reference Trick）

---

①「すり替え型」ディストラクター

　「すり替え」トリックは実に全体比率のうち4割以上を占めており、「語句すり替え」「論点すり替え」「構文すり替え」の3タイプに分類されます。

◎「語句すり替え」型
選択肢が本文に書かれている内容と異なるように、一部だけ改変するトリックです。以下の例をご覧ください。

□ the outdated planes are sent to X（旧式の飛行機はXに送られる）
　⇒ 誤答 planes have been sent to X because their parts are too outdated to be useful（飛行機がXに送られるのは、部品が古くなって使えないから）

> ☞ outdated なのは planes だが、parts(部品)と「語句をすり替えた」典型的なディストラクター！

◎「論点すり替え」型
研究者など権威者の意見（authority's opinion）を筆者の意見（author's opinion）と混同させるパターンは非常に巧妙なので要注意です。選択肢を読んで、本文に書いてあるからといって、安易に選ぶことをせず、必ずだれの意見・発言か

を確認しましょう。対策としては、**問題文を最初に読んで、主語の人名をチェックし、パッセージを読む際は、筆者の意見とその人物の意見とを区別しながら読み進める**とよいでしょう！

◎「構文すり替え」型

実際は因果関係がないのに、あると思わせるトリック。因果関係や比較構文が用いられた選択肢に多く見られます。例えば以下の例をご覧ください。

□ X happened after the Civil War（Xが南北戦争後に起こった）を X caused the Civil War（Xのせいで南北戦争が起きた）のように、「時間構文」⇒「因果構文」にすり替えた誤答パターン。

②「言いすぎ型」ディストラクター

◎論理の飛躍型によるディストラクター

「言いすぎ」トリックは、本文の意味をこじつけることで書かれていないことまで大げさに述べるもので、**論理の飛躍**（leap in logic）や**誇大化**（embellished statement）とも言われます。

□ **He participated in the international sporting event.**（彼は国際スポーツイベントに参加した。）

⇒ 誤答 **his sportsmanship changed his life.**(正々堂々と勝負する態度が彼の人生を変えた)

> ☞ sporting event に参加しただけなのに、「sportsmanship が人生を変えた」と論理の飛躍がみられる誤答！

◎ categorical answer によるディストラクター

completely, definitely や、all, never, only など**「完璧」「絶対」「全体」「皆無」**といった意味の語を用いた categorical answer（**断定した答え**）は、本文から確証が得られない場合には**誤答**となるので注意！

③「無言及」ディストラクター

本文に記述がまったく見当たらないような内容を含ませるトリックで、比較的容易に誤答とわかるタイプの選択肢です。本文を一通り速読した人なら違和感にすぐ気づくことができるでしょう。

　以上の内容一致問題の典型的なディストラクターパターンを覚え、実践することて、読解のスコアがぐーんと UP するてしょう。

内容一致型の出題傾向

　過去10年間（30回）分の過去問を調べると、主なトピックは歴史・社会・文化、ビジネス＆経済科学、自然科学の分野で、**文系と理系のテーマがほぼ均等**に出題されていることがわかります。そのため、苦手なジャンルの英文を作らないことが大切です。そのためには、英検の過去問だけでなく、難関大学の入試問題、英字新聞や雑誌を読むことを日課とし、特定のテーマが苦手で読解に時間がかかったり、正答率が下がるといったことがないようにすることが重要です。

内容一致問題出題ジャンル

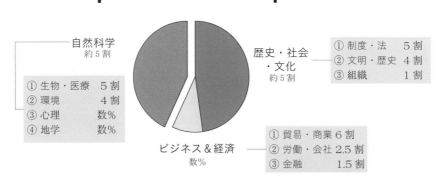

自然科学
約5割

① 生物・医療　5割
② 環境　　　　4割
③ 心理　　　　数%
④ 地学　　　　数%

歴史・社会
・文化
約5割

① 制度・法　　5割
② 文明・歴史　4割
③ 組織　　　　1割

ビジネス＆経済
数%

① 貿易・商業　6割
② 労働・会社 2.5割
③ 金融　　　 1.5割

さらに、それぞれの分野は以下のようにさらに細かく分類されます。まず、「科学＆自然」の分野は微生物、害獣、進化や人工臓器や脳など**生物・医療**関連とゴミ問題や持続可能エネルギー、大気汚染や地球温暖化など**環境**に関する話題がメインとなっています。理系に関する長文が苦手な人は Scientific American や Nature などを定期購読してみるというのも良いでしょう。

　次に「**歴史・社会・文化**」のトピックに関しては、**古代文明**、民族の伝統といったテーマから、地域社会の移り変わり、現代の社会問題といった**現代文明**に関するテーマまで幅広く出題されます。英字新聞を読み、社会問題に精通しておくことはもちろんのこと、高校の世界史の要点をまとめた本も役立つでしょう。

　最後に、「**ビジネス・経済**」のトピックは、**貿易・商業**に関するトピックが半数以上を占め、具体的にはテクノロジーの商用化、新型の水着の開発、グローバル化に伴う経済問題などが挙げられます。

　次に、質問文のパターンについて確認してみましょう。同じく、ここ10年間（30回）分の内容一致型長文問題を分析した結果、以下のような問題の傾向が見られました。

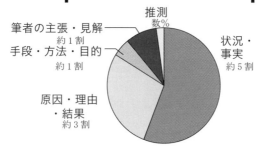

　このグラフを見ると、「原因・理由・結果」、いわゆる因果関係に関連する問題と「状況・事実」を答える問題が圧倒的多数を占めていることがわかります。

　1つ目の「原因・理由・結果」は、2級でもよく出題されるパターンですが、準1級レベルになると、because や As a result のようなわかりやすいキーワードは、まず本文中に書かれていないと考えましょう。文と文のつながりを意識することで、原因と結果の関係などを見つけられるかどうかが解答のポイントとなります。

　また、「状況・事実」を答える問題も、単純に本文の一部分を抜き出した選

択肢が正解という問題はまずありません。別の観点から巧みに言い換えられているケースがほとんどなので、演習問題を通じて、それを自力で見抜くことができるようにしましょう。

次に、正解となる選択肢にはどのような傾向が見られるのかを確認してみましょう。こちらも、ここ10年間（30回）分の内容一致型長文問題を分析した結果、以下のような問題の傾向が見られました。

内容一致問題正解パターン

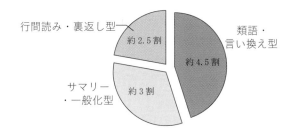

正解の選択肢の３つのパターン、すなわち①本文を単語や構文などを変えて言い換えた「類語／言い換え型」、②段落全体や複数の文をまとめた「サマリー・一般化型」、③本文にはっきりとは書かれていないものの、行間を読んで推測したりする「行間読み・裏返し型」の比率を分析すると、「類語／言い換え型」が数としては最も多いですが、２級のような単純な言い換えになっていることは稀で、解答の根拠が２箇所に分散している場合もあるので、要注意です。２位のサマリー・一般化型も全体の３分の１を占め、重要です。最後の「行間読み・裏返し型」は、特に難問が多く時間がかかりやすい問題のため、最後に解くというテクニックも有効です。

それでは、内容一致型長文問題の模擬問題にチャレンジしていただきましょう。

Academic Discrimination

With accelerating internationalization, an increasing number of people have gained opportunities to study abroad, expanding the number of international students sharply over the past decade. According to UNESCO, Point ① -1 the number of foreign students more than doubled, to over 2 million, between 2000 and 2007, and could reach about 7 million by the year 2020. Large as this number is, it does not necessarily mean that every student enjoys an equal educational opportunity. This is because Point ① -2 some educational institutions discriminate against some students at their entrance examinations or in grade evaluation.

Recently, this issue has gained more public attention, as concerns about the refugee crisis have made people more sensitive to ethnicity-related issues. In fact, universities were sued for discriminating against their students based on race, gender, age, social background and so on. Point ② However, most governments and universities fail to proactively address this kind of problem until it reaches a critical mass. Unless this problem is solved in the near future, many universities will lose their reputation, and therefore will suffer a financial loss.

In addition to lukewarm attitude of governments and educational institutions, there is another reason why this problem is intractable. Foreign students who insist that they have been discriminated against are likely to be accused of exaggerating the issue. Consequently, discrimination is often overlooked, as many of them are reluctant to report it. In fact, Point ③ according to a survey conducted by the group Black British Academics, only 56 percent of the respondents reported discrimination, while as many as 73 percent of them rated their institutions' performance on race equality as "poor" or "very poor." Many respondents also commented that the evaluation of students' performances is unclear.

Under the circumstances, a great deal of effort has been already made to establish laws to prevent discrimination. If they raise public awareness of the need for educational fairness, the number of cases of discrimination might decrease in the future.

(1) What is true of the estimated number of international students in the future?
1. Fewer and fewer students will study abroad because of discrimination at the entrance examinations or in grade evaluation.
2. A greater number of students will study abroad despite unjust treatment of against some students.
3. Thanks to efforts by universities, governments, and UNESCO, the number of international students will gradually decrease.
4. Because of the establishment of a law to ban racial discrimination, the number of international students will increase.

(2) What is one reason why universities have discrimination problems?
1. Increasing concern about the refugee crisis has created more serious discrimination problems than before.
2. Even if victims of discrimination sue universities, it is almost impossible for them to win a lawsuit.
3. Governments and universities cannot address the problem of discrimination because most of them do not have enough funds.
4. It is usually not until later that political authorities and colleges start to deal with discrimination problems.

(3) A survey conducted by the group Black British Academics suggests that
1. students do not necessarily make a complaint about unequal treatment even when they are aware of it.
2. more and more students are aware that they are discriminated against because of their ethnic background.
3. some students receive higher academic scores than others by taking advantage of their racial background.
4. Most discrimination problems are overlooked because most students have no one to talk to about their problems.

Point ①　数字の言い換え

本文中に書かれている具体的な数字の変化を言い換えた選択肢が正解になるというパターンで、**英検準1級でしばしば見られる傾向の問題**！

Point ① -1：「留学生数は2000年から2007年の間に倍増し、200万人を超えた。また、2020年までに700万人に達する可能性がある。」

Point ① -2：「一部の生徒に入試や成績評価で差別する教育機関がある」

☞ Point ① -1 から、留学生数の増加が 200 万人超から 700 万人に増加することが予想されている。

☞ Point ① -2 まで読むと、一部の生徒に差別が行われていることがわかる。つまり、**留学生の増加と差別は無関係である**ことがわかるので、**2 が正解。**

Point ②　文構造・単語の言い換え

本文中の該当箇所の文構造や単語を書き換えた選択肢が正解となるパターン。英検準1級レベルでは**単純な単語の書き換えではなく、複数の要素を入れ換えた選択肢が正解になる**ことが多い！

Point ②：政府や大学は this kind of problem（差別問題）が無視できないくらい大きくなるまで対応しない

☞ 上記の内容を言い換えた選択肢を選ぶ。this kind of problem を discrimination problems、fail to proactively address ~ until it reaches a critical mass.（問題が無視できなくなるほど大きくなるまで積極的に対処しない）を not until ~ that ...（～して初めて ... する）の構文を使って言い換えた **4 が正解。**

Point ③　推測・裏返し型

手がかりとなる部分を裏返すなど推測する必要のあるタイプの問題。文章をそのまま言い換えたわけではないので、**難問となることが多い！**

Point ③：73% もの回答者が、評価基準が「悪い」もしくは「非常に悪い」と答えているが、56% の回答者しか差別を報告しなかった。

> 👉 問題文から Black British Academics の調査に注目すると同時に、この調査の目的や結果は何かを考える。
>
> 👉 評価基準が「悪い」もしくは「非常に悪い」というのは、差別のことだと考えられる。つまり、差別と感じている人の一部しか実際には報告していないということを調査が明らかにしたと考え、**1 が正解**と判断する。

内容一致型問題解答

語注

- ☐ discrimination　差別
- ☐ internationalization　国際化
- ☐ grade evaluation　成績評価
- ☐ sensitive　敏感な
- ☐ ethnicity-related　民族に関連する
- ☐ reputation　名声、評判
- ☐ intractable　解決困難な
- ☐ reach a critical mass　無視できないぐらい大きくなる
- ☐ exaggerate　誇張する、大げさに言う
- ☐ a respondent　回答者、応答者
- ☐ accelerate　加速する
- ☐ proactively address　機会
- ☐ a refugee　難民
- ☐ sue　訴訟を起こす、訴える
- ☐ lukewarm attitude　煮え切らない態度
- ☐ overlook　見過ごす、見落とす

問題文の訳 教育機関の差別

国際化が加速する中、海外で勉強する機会を持つ人はますます多くなり、留学生の数はこの 10 年間で著しく増加しました。ユネスコによると、留学生の数は、2000 年から 2007 年の間に倍増して 200 万人を超え、2020 年までには約 700 万人に達する可能性があります。数としては大きいですが、これは必ずしもすべての学生が均等な教育機会を得ているという意味ではありません。なぜならば、教育機関の一部では、入学試験や成績評価において、学生を差別している場合があるからです。

難民危機の懸念により人々は民族関連問題に敏感になっているため、最近この問題は非常に注目が高まっています。実際に、人種、性別、年齢、社会的背景などに基づく差別に対して訴訟が起きた大学もあります。しかし、ほとんどの政府や大学は、問題が無視できないくらい大きくなるまで、このような問題を積極的に対処しません。近い将来この問題が解決されない限り、多くの大学は名声を失い、財政的な損失に苦しむことになるでしょう。

政府や教育機関が消極的なことに加えて、この問題の解決が困難となっているもう一つの理由があります。差別されたと主張する海外からの留学生たちは、問題を誇張していると非難されやすくなります。その結果、多くの留学生たちは差別の報告をためらうので、差別は見落とされがちになります。実際には、Black British Academics によって実施された調査によると、73% もの回答者が、自分たちが所属する機関の人種間平等性の評価基準が「悪い」もしくは「非常に悪い」と答えましたが、56% の回答者しか差別を報告しませんでした。多くの回答者はまた、学生の成績評価は不明瞭であるとコメントしました。

　こういった状況の中ですでに、差別を防ぐ法律を制定するためのたくさんの試みがなされています。それにより教育の公正感が高まれば、将来的に差別の件数は少なくなるかもしれません。

....

解答 **(1)** **2.** A greater number of students will study abroad despite unjust treatment of against some students.

設問の訳 将来予測されている留学生数について正しいものはどれか。

選択肢の訳 **1.** 入試や成績が評価されるときの差別のために、留学する生徒の数がますます少なくなる。

2. 一部の生徒の不公平な扱いにも関わらず、より多くの生徒が将来留学する。

3. 大学や政府、ユネスコの努力によって、留学生の数は徐々に減少する。

4. 人種差別を禁止する法律が制定されたために、留学生の数は増加する。

複数の文をまとめた選択肢に要注意！

正解となる選択肢は、複数の文がまとめられている場合がある！

....

解答 **(2)** **4.** It is usually not until later that political authorities and colleges start to deal with discrimination problems.

設問の訳 大学が差別問題を抱えている理由の一つは何ですか。

選択肢の訳 **1.** 難民問題に関する関心が増加しているために、かつてないほど深刻な差別問題が作り出された。

2. たとえ差別の被害者が大学を訴えたとしても、訴訟で勝つことはほとんど不可能である。

3. 十分な資金がないので、政府や大学は差別の問題に対応することができない。

4. たいてい政府当局や大学が差別問題に対処し始めるのは、遅い段階になってからである。

However が出てきたら要注意！
逆説の後にアンサーパートが来ることが多い！

解答 **(3)** **1.** students do not necessarily make a complaint about unequal treatment even when they are aware of it.

 Black British Academics によって行われた調査が示しているのは

 1. 実際に差別に気づいていても、生徒は必ずしも苦情を申し立てるとは限らない。

2. ますます多くの生徒が人種的背景のために差別されていることに気づいている。

3. 一部の生徒は人種的背景を利用して他の人よりも高い学業成績を受けている。

4. ほとんどの生徒が問題について話さないので、大半の差別問題は見落とされている。

推測型の問題に要注意！
筆者の主張や文と文の関係性を考えながら読むことで、推測する力が養われる！

▶▶▶ 読解問題対策必須「環境問題」語彙をマスター！

☐ the food chain 食物連鎖

☐ biodiversity 生物多様性（biosphere は「生物圏」）

☐ an endangered species 絶滅危惧種（sanctuary は「保護地区」）

☐ an alien [nonnative] species 外来種

☐ a nocturnal animal 夜行動物

☐ car exhaust / exhaust gas 排気ガス

☐ a carnivorous animal 肉食動物（herbivorous animal は「草食動物」）

☐ chemical fertilizer 化学肥料（chemical herbicide は「化学除草剤」）

☐ downpour / a torrential rain 豪雨（drizzle は「霧雨」）

☐ emission trading 排出権取引（emission control は「排ガス規制」）

☐ (a) fossil fuel 化石燃料（crude oil は「原油」）

☐ garbage disposal ゴミ処理

☐ genetically modified foods 遺伝子組み換え食品

☐ humidity / moisture 湿度

☐ iceberg 氷山（glacier は「氷河」）

☐ meadow / pasture 牧草地（ranch は「牧畜場、放牧場」）

☐ an irrigation canal 灌漑用水路

☐ land reclamation [landfill] 埋め立て

☐ latitude and longitude 緯度と経度

☐ energy conservation 省エネ

☐ renewable energy 再生可能エネルギー⇔ nonrenewable energy

☐ alternative energy 代替エネルギー

☐ nuclear power generation 原子力発電（thermal power generation は「火力発電」、geothermal power generation は「地熱発電」）

☐ ozone depletion オゾン層減少（oil depletions は「石油枯渇」）

☐ photosynthesis 光合成（microorganism は「微生物」）

☐ precipitation 降水（量）（rainfall, snowfall を含む）

☐ a natural habitat 自然生息地林（wilderness preservation は「原生保護」）

- ☐ wildlife preservation 野生動物の保護
- ☐ sustainable development 持続可能な開発
- ☐ waste disposal 廃棄物処理
- ☐ the Frigid Zone 寒帯（the Temperate Zone は「温帯」）
- ☐ the Meteorological Agency 気象庁
  （meteorological observatory は「気象台」）
- ☐ the Northern hemisphere 北半球⇔ the Southern hemisphere 南半球
- ☐ radioactive contamination 放射能汚染
- ☐ soil erosion 土壌侵食
- ☐ acid rain 酸性雨（deforestation は「森林破壊」、desertification は「砂漠化」）
- ☐ atmospheric pressure 気圧（a cold air mass は「寒気団」）
- ☐ avalanche / snowslide なだれ
- ☐ tornado / twister / whirlwind 竜巻
- ☐ air turbulence 乱気流
- ☐ a tidal wave / tsunami 津波（a storm surge は「高潮」）
- ☐ a volcanic eruption 火山噴火（active volcano は「活火山」）
- ☐ the epicenter of an earthquake 地震の震源地
- ☐ tectonic activity 地殻活動（tectonics は「構造地質学」）
- ☐ toxic substances 有毒物質（hazardous materials は「有害物」）
- ☐ the theory of evolution / evolutionism 進化論

an alien [nonnative] species
外来種

Future Shopping Malls

A shopping mall is one or more buildings forming a line of shops, with a long walkway for customers to walk from one shop to another. This large shopping center enjoyed prosperity in the 1980s, attracting a large number of customers on weekends. However, in the 2000s, the situation dramatically changed with the advent of online shopping companies and the economic turmoil that hit America. In the 2010s, the number of mall shoppers continued to decrease, not only because of great convenience of online shopping but also because of consumers' changing interests. While many people enjoyed window-shopping decades ago, consumers today hope to spend less time on shopping.

In the face of these challenges, not all malls are struggling to stay profitable. Some successful malls are breaking the convention and reinventing themselves. Among them is Xanadu, a mall in Arroyomolinos, Madrid, Spain, which was once an ordinary shopping mall for parents and children to enjoy shopping on weekends. However, the mall now features various attractions, such as a ski slope, go-karts, bowling, and so on. Another successful mall feature fancy meals instead of a cheap food court that serves fast food. It provides customers with a high-end experience, establishing its status as the center of the community.

Now what future malls need to do is to change their focus. Technological advances have increased online shopping, bringing potential benefits for malls. One mall has actually used Facebook to create an opportunity to interact with its customers. As a result, it has succeeded not only in establishing a close relationship with its customers but has collected their behavioral data including preferences and affiliations. Other innovative malls are turning to environmental problems. In fact, an increasing number of shopping malls are following this trend by planting more trees, building waterfalls, or changing their building structure to let in more natural light. In addition, the Cabot Circus Shopping Centre in Britain is located in an area accessible to shoppers by public transportation. Successful players today seem to be aware that merely pursing profits will not load to long-term success.

(1) What is one reason fewer people visit shopping malls these days?
  1. Todays' consumers are less interested in browsing in shopping malls than those in the past.
  2. Shopping malls have become less convenient since most of them moved far away from residential areas.
  3. Due to economic recession, many people are not willing to spend a lot of money on shopping.
  4. Since most shopping malls have given up having large premises, customers find it unattractive to shop there.

(2) Some shopping malls are prospering because they
  1. constructed a spacious building to allow more customers to enjoy shopping with their children on weekends.
  2. allowed customers to experience a variety of enjoyable things that are not usually available at shopping malls.
  3. formed a business partnership with other companies operating a ski resort or a bowling center.
  4. increased the number of fancy items to enhance the satisfaction of rich customers.

(3) The example of The Cabot Circus Shopping Centre shows that
  1. Facebook is useful to increase the number of loyal customers and gain new ideas from customers.
  2. making an environmentally-friendly image is important for shopping malls to succeed in the long run.
  3. most people go to shopping malls by public transportation due to lack of parking space.
  4. more and more people go to shopping malls by public transportation, rather than in their own cars.

内容一致型問題解答

語注

- [ ] form　〜を形成する、〜を形作る
- [ ] walkway　歩道、通路
- [ ] prosperity　繁盛、繁栄
- [ ] with the advent of~　〜の到来とともに
- [ ] economic turmoil　経済混乱
- [ ] in the face of　〜に直面して
- [ ] break the convention　慣例を破る
- [ ] reinvent oneself　イメチェンをする
- [ ] feature　〜の特色となる
- [ ] fancy　しゃれた
- [ ] a high-end experience 高級感の体験
- [ ] technological advance　技術的進歩
- [ ] interact with~　〜と交流する
- [ ] behavioral data 行動に関するデータ
- [ ] preferences and affiliations　好みや所属
- [ ] pursue　〜を追求する
- [ ] long-term　長期（間）

問題文の訳

未来のショッピングモール

　ショッピングモールは、中にたくさんのお店が入っている1つあるいは2つ以上の建物で、買い物客は店から店へと長い通路を歩いて回ることができます。1980年代には非常に繁栄し、週末には多くの買い物客がモールへ車で出かけたものでした。しかし、2000年代には、オンラインショッピングの企業が登場し、経済混乱がアメリカを襲い、状況が大きく変わりました。2010年代には、ショッピングモールの買い物客の数は減少し続け、その理由には、オンラインショッピングの比類なき便利さだけでなく、買い物客の関心の変化もありました。数十年前は、多くの人々がウインドウショッピングを楽しみましたが、今日の消費者はショッピングにあまり時間を費やさないことを望んでいます。

　このような課題に直面する中、必ずしもすべてのモールが利益を維持するのに悪戦苦闘しているわけではありません。中には、伝統を打ち破って改革に成功したモールもあります。スペイン、マドリードのArroyomolinosにあるモール、Xanaduは、その一つです。ここはかつて、親子が週末のショッピングを楽しむ普通のショッピングモールでした。しかし、

今ではそのモールは、スキースロープ、ゴーカート、ボーリングなど、さまざまなアトラクションがあるという特色を打ち出しています。もう一つの成功したモールは、ファストフードを提供する安いフードコートではなく、豪華な食事を呼び物にしています。このようにして、顧客に高級な体験を提供し、コミュニティの中心としての地位を確立しました。

　現在、モールに必要なのは、焦点を変えることです。技術進歩はオンラインショッピングを加速させましたが、ショッピングモールにも潜在的なメリットをもたらしました。あるモールは、顧客とのコミュニケーションの機会を作るために実際にフェイスブックを使用しました。その結果、顧客と緊密な関係を構築しただけでなく、顧客の好みや所属といった行動データや情報を収集することができました。また他の革新的なモールは、環境問題に目を向けています。実は、ますます多くのショッピングモールが、このような傾向にあり、もっと多くの木を植えたり、滝を作ったり、ビルの構造を変更してより多くの自然光が入るようにしたりしています。さらに、イギリスの Cabot Circus ショッピングセンターは、買い物客が公共交通機関で訪れることができる場所にあります。今日の成功者は、利益を追求するだけでは長期的な成功にはつながらないことに気づいているようです。

解答 **(1) 1**. Todays' consumers are less interested in browsing in shopping malls than those in the past.

設問の訳 最近、ショッピングモールを訪れる人が減った理由の一つは何ですか。

選択肢の訳 **1** 今日の消費者は以前の消費者と比べてショッピングモール内を見て回ることに興味がない。

2 ショッピングモールは住宅街から遠く離れてから、便利ではなくなった。

3 不況のため、多くの人が買い物に大金を使いたがらなくなっている。

4 ほとんどのショッピングモールは大きな店舗を持つことをあきらめたので、顧客はそこで買い物をするのが魅力的ではないと思っている。

☞ 設問に "these days" とあるので、第 1 段落後半の In the 2010ₛ 以降に注目する。すると、次の文の後半に consumers today hope to spend less time on shopping とあり、買い物を短時間で済ませたいと思っていることがわかるので、その内容を言い換えた **1 が正解**と判断する。
2 はショッピングモールが住宅街から離れていることは第 1 段落 1 文目から推測できるが、これは客数が減るより前からのことなので、減った理由にはならない。

3 はあらゆる買い物に金を使いたがらないという意味になるが、第 1 段落 3 文目より、2010 年代以降はオンラインショッピングが好調であることがわかるため、不正解。4 は本文に言及なし。

時を表すキーワードに注意！

時制を読み間違えると誤った選択肢を選んでしまうので、要注意！

解答 **(2)**　**2.** allowed customers to experience a variety of enjoyable things that are not usually available at shopping malls.

設問の訳　一部のショッピングモールが成功しているのは、

選択肢の訳　**1** より多くのお客が週末に子供たちと買い物を楽しめるように大きな建物を建設したからである。

　　　2 お客が普段はショッピングモールで提供されないようなさまざまな楽しい経験をすることを可能にしたからである。

　　　3 スキーリゾートやボーリングセンターなどを経営している会社と事業提携したからである。

　　　4 富裕層のお客の満足度を上げるために、豪華な商品を増やしたからである。

👉 第 2 段落の 3 文目に Xanadu という成功したショッピングモールの例があり、5 文目の後半に列挙されている a ski slope, go-karts, bowling といった施設が成功の要因だということが読み取れる。これらを「普段はショッピングモールで提供されない経験」と言い換えた **2 が正解**。1 は、大きな建物があったのは以前からのことなので、成功要因とは言えない。3 は、事業提携については本文に書かれていない。4 は、本文に言及なし。

言い換えに要注意！

名詞の列挙を言い換えた選択肢がないか確認せよ！

解答 **(3)** **2.** making an environmentally-friendly image is important for shopping malls to succeed in the long run.

設問の訳 The Cabot Circus ショッピングセンターの例が示しているのは、

選択肢の訳 **1** フェイスブックは得意客を増加させ、お客から新しい考えを得るのに有用である。

2 環境に優しいイメージ作りはショッピングモールが長期的に成功するための重要な観点である。

3 駐車場スペースが足りないため、ほとんどの人は公共交通機関を利用してショッピングモールに行く。

4 自家用車よりも公共交通機関を利用してショッピングモールに行く人の方が多い。

☞ The Cabot Circus ショッピングセンターは第 3 段落の後半に出てくるが、その前の 5 文目に注目すると、「その他の革新的なモールは環境問題に目を向けている」とあり、次の In fact 以下が具体例であることに注目する。次の文は In addition という追加を表すキーワードとともに The Cabot Circus ショッピングセンターが出てくるので、accessible to shoppers by public transportation「公共交通機関で買い物に行くことができる」は、行間を読むと**環境問題への取り組みの例**だと考えられる。さらに最終文には「利益を追求するだけでは長期的な成功につながらない」とあるので、環境問題の取り組みが長期的な成功につながると考えられる。したがって、**2 が正解**と判断する。
このように準 1 級レベルの問題は、**解答のヒントとなる箇所が離れた場所にあることが多いため、文脈の流れを失わないようにしたい**。1 は、ソーシャルメディアの例だが、The Cabot Circus ショッピングセンターとは直接関係がない。3 と 4 は「公共交通機関」という本文に書かれたキーワードを使った引っかけで、いずれの内容も本文には書かれていない。

行間把握型に注意！

本文中に出てくる具体例は、何の役割をしているのかを考えることが重要！

▶▶▶ 読解問題対策必須「社会問題」語彙をマスター！

☐ ceremonial functions　　　　　　　　　　　　　　　　　　冠婚葬祭

☐ audience ratings　　視聴率　　　　　☐ a bereaved family　　遺族

☐ a brain drain　　　　　　　　　　頭脳流出 ⇔ a brain gain　頭脳流入

☐ child rearing　　　　　　　　　　子育て（childbearing は「出産」）

☐ an extended family　　　　　拡大家族（a nuclear family は「核家族」）

☐ an eligible man　　　　　　　　　　　　　　　結婚相手にふさわしい男

☐ computer literacy　　　　　　　　　　　　　　　コンピュータ操作能力

☐ (a)computer malfunction　　　　　　　　　　　　コンピュータの故障

☐ a death toll　　　　　　　死亡者数（casualties は「死傷者（数）」）

☐ cocaine smuggling　麻薬密輸　　☐ a crash site　　墜落現場

☐ an evacuation drill　　　避難訓練（an evacuation order は「避難命令」）

☐ death with dignity　尊厳死　　☐ gender equality　　性の平等

☐ the digital divide　　　　情報格差（educational divide は「教育格差」）

☐ an egalitarian society　　　平等社会（a hierarchical society は「縦社会」）

☐ an exclusive interview　　独占インタビュー　☐ editorial pages　　社説面

☐ foster parents　　　　　　　里親（biological parents は「生みの親」）

☐ a heterogeneous society　　　　　　　多種多様な民族からなる社会

　（a homogeneous society は「同質的社会」）

☐ graffiti　落書き　　　　　　　☐ human alienation　　　人間疎外

☐ human trafficking　人身売買　　☐ identity theft　　個人情報泥棒

☐ alleged bribery　収賄疑惑　　☐ sexual assault　　　　レイプ

☐ a kidnap attempt　　　　　誘拐未遂（ransom money は「身代金」）

☐ life expectancy　　　平均寿命（「寿命」は life span, longevity とも言う）

☐ information retrieval [processing]　　　　　　　　情報検索 [処理]

☐ (a) newspaper circulation　　　　　　　　　　　新聞の発行部数

☐ nursing care insurance　介護保険　☐ population density　　人口密度

☐ political correctness　　ポリティカル・コレクトネス（性差別や人種差別がない
　　　　　　　　　　　　　　　　　　　　　　　　　ように言葉を変えること）

☐ social integration　　　　　人種・障害者差別の廃止等の社会的統合

☐ abortion rights　　　　　　　　　　　　　　　　　　中絶の権利

　（pro-choice は「人工中絶に賛成」、pro-life は「中絶反対」）

□ a surrogate mother　　代理母　　　　□ a sheltered upbringing　　温室育ち

□ a telephone subscriber　電話加入者　□ staple foods　　　　　　　　　主食

□ traffic congestion [jam]　　交通渋滞 (traffic fatalities は「交通事故死者 (数)」)

□ a universally connected society / a ubiquitous society　　ユビキタス社会

▶▶▶ 読解問題対策必須「政治」語彙をマスター！

□ apartheid　　　　　　　　　　　アパルトヘイト [南アの人種隔離政策]

□ bilateral talks　　二国間交渉 (bilateral [trilateral] discussions は「二者 [三者]
会談」、a multilateral agreement は「多国間合意」)

□ a census bureau　　国勢調査局　　　□ eligible voters　　　　　　有権者

□ a civil war　　　　　　　　　　内戦 （martial law は「戒厳令」)

□ a constitutional amendment　　　　　　　　　　　　　　憲法改正

□ defense expenditure [outlays]　　　　　　　　　　　　　　防衛費

□ diplomatic immunity　　外交官特権 (extraterritorial rights は「治外法権」)

□ disarmament talks　　　軍縮会議 (nuclear disarmament は「核軍縮」)

□ embassy　　　　　　　　大使館 (ambassador は「大使」)

□ a general amnesty　　　大赦 (a special amnesty [pardon] は「特赦」)

□ a gubernatorial [mayoral] election　　　　　　知事 [市長] 選

□ the incumbent mayor　　現職の市長 (the outgoing mayor は「退職する市長」)

□ an influx of refugees　　難民の大量流入 □ a jury system　　陪審員制度

□ local autonomy　　　　　　地方自治 (a local chapter は「地方支部」)

□ (a) military intervention　　　　　　　　　　　　　　軍事的介入
　((a)military reprisal は「軍事的報復」military action は「軍事力行使」)

□ a municipal office　　市役所　　□ nuclear deterrence　　核抑止力

□ nuclear proliferation　　　核拡散 (denuclearization は「非核化」)

□ a nuclear holocaust　　核の大惨事 (radioactive fallout は「(放射能の) 死の灰」)

□ a peace envoy　　　　平和使節 (a peace treaty [pact] は「平和条約」)

□ a political assassination　　　　　　　　　　　　　　政治的暗殺

□ propaganda （主義や主張の）宣伝　□ a territorial dispute　　領土紛争

□ universal suffrage　　　普通選挙権 (口語では universal voting right)

Resistance to Illness

Conventional wisdom holds that no smoking and regular exercise are important for preventing cold, let alone washing one's hands frequently and staying away from coughing people. No matter how careful they are, however, ordinary people catch a cold several times a year, which means 200 times in their lifetime on average. In reality, however, while some people easily fall ill despite their healthy lifestyles, others rarely do so. Until now, various studies have been conducted to unravel this mystery.

In 1991, research was conducted by Sheldon Cohen of Carnegie Mellon University to find why people get a cold. It supported the traditional idea that people who have high stress levels are more likely to catch a cold. However, the research further revealed that stress was elusive. For example, when the stress had continued for six months or more before the study, the participants were much more likely to get sick. In addition, while domestic events, such as a quarrel with a spouse, had little to do with the risk of catching a cold, problems away from home were detrimental to their health.

Another of Cohen's studies showed a connection between social relationships and health. There had already been a famous study which discovered that people with strong social connections tend to live longer. He suspected a correlation between social connections and the likelihood of colds. The study measured the strength of social relationships by asking subjects about their social roles and then exposing them to a virus. As a result, people whose social level was the lowest were about four times as likely to develop a cold as those with the highest level of social connections. The study also found that the more social roles people play, the less likely it is that they get sick. Surprisingly, having a good social network is more important than a balanced diet and moderate exercise if people want to avoid catching a cold.

Although modern science and medicine have cured various diseases and helped people stay healthy, research on the mechanism of colds is still in its embryonic stage, leaving some phenomena unexplained. For example, some people catch a cold but don't experience the symptoms of coughing, a runny nose, a headache or a high fever, although they spread the virus. In addition, some experts argue that catching a cold a few times a year is not a bad thing but a sign of having a good immune system, while insisting on the importance of a healthy lifestyle. There are also a lot of mysteries about the immune system. Due to its complexity of and individual differences in the immune system, little is known about its mechanism.

(**1**) What does the author of the passage say about catching a cold?
  1. Some people never catch a cold in their whole life because of their strong immune system.
  2. The frequency of coming down with a cold is quite different from one person to another.
  3. Doing exercise is as effective in preventing colds as washing hands.
  4. People who suffer from a cold are less likely to catch one again in the same season.

(**2**) The study conducted by Sheldon Cohen in 1991 revealed that
  1. people suffering from stress caused by a family member were more likely to get sick.
  2. the effects of stress are so different from person to person that it is difficult to explain.
  3. both the length and nature of stress are related to the likelihood of getting sick.
  4. even if one suffers from daily stress, illness can be prevented by keeping a healthy lifestyle.

(**3**) According to the study of the connection between social relationships and health,

1. people with many social roles are more likely to get sick because they contact a lot of people.
2. a balanced meal or exercise are not as effective as being sociable when it comes to preventing a cold.
3. people with good social relationships tend to lead a healthy life and they are less likely to get sick.
4. having a lot of social roles and staying healthy are not directly related to each other.

(**4**) What is one mystery modern science has not solved yet?

1. Some people remain free from experiencing the symptoms of a cold even after they catch one.
2. People now have become less likely to catch a cold than people in the last century.
3. Some people have very complicated immune systems that prevent them from catching a cold.
4. People who don't experience the symptoms of a cold do not pass their cold on to others.

内容一致型問題解答

語注

□ conventional wisdom holds that~　～は社会通念となっている

□ let alone ～は言うまでもなく

□ unravel the mystery　謎を解明する　　□ elusive とらえどころがない

□ domestic　家庭（内）の　　□ quarrel　口論、言い争い

□ spouse　配偶者

□ have little to do with　～とほとんど関係ない

□ detrimental 有害な

□ correlation　関連性　　□ likelihood　可能性、見込み

□ expose　～をさらす、触れさせる　　□ surprisingly　驚いたことに

□ in its embryonic stage　初期段階で

□ phenomena　現象（phenomenon の複数形）

□ symptom　症状　　□ immune system　免疫システム

□ insist on　～を強く主張する　　□ complexity　複雑さ

問題文の訳

病気への抵抗

　風邪の予防には、喫煙をやめることや日常的に運動することが重要であると、一般的に知られています。頻繁に手を洗うことや、人ごみや咳をする人を避けることは言うまでもありません。しかし、どんなに気をつけていても、普通の人は年に何回か風邪を引きます。つまり、平均して、一人の人は生涯で約 200 回風邪を引くということです。しかし、現実的には、健康的な生活をしているにも関わらず、すぐに風邪を引く人もいれば、めったに引かない人もいます。この謎を解明しようと、これまでに、さまざまな研究が行われてきました。

　1991 年には、Carnegie Mellon 大学の Sheldon Cohen 氏は、人はなぜ風邪を引くかについての研究を行いました。その研究では、ストレスのレベルが高い人は、風邪を引きやすいという伝統的な考えを支持しています。しかし、研究によって解明されたことはこれだけではありません。ストレスはそれほど簡単に説明できるものではないことを明らかにしました。例えば、この研究の前にストレスが 6 ヶ月以上続いていた場合、そのような参加者は風邪を引きやすいことが分かりました。さらに言えることは、配偶者との口論などの家庭

内のできごとは、風邪を引くリスクとはほとんど関係ありませんが、家庭外で起こる問題は健康に悪影響を及ぼします。

　Cohen 氏のもう一つの研究は、社会的関係と健康の関連性です。社会的なつながりが強い人々は長生きするという、有名な研究が既にあります。Cohen 氏は、社会的なつながりと風邪にかかる可能性も、関連していると考えました。この研究では、対象者に社会的役割を尋ね、その後で、ウイルスに接触させることによって、社会的関係の強さを測りました。その結果、社会的関係のレベルが最も低い人々は、社会的関係のレベルが最も高い人々の約 4 倍風邪を引きやすいことが分かりました。また研究では、人々の社会的な役割の数が多いほど、病気にかかりにくいことも明らかにしました。驚いたことに、風邪を引くことを避けたいならば、良好な社会的ネットワークを持つことは、バランスのよい食事や適度な運動よりも重要であるということです。

　現代の科学や医学は、さまざまな病気を治療し、人々の健康維持に役立っていますが、風邪のメカニズムについての研究は、今もなお初期段階であり、説明できない現象があります。例えば、風邪を引いてウイルスを撒き散らしていながら、咳、鼻水、頭痛、高熱などの症状が見られない人もいます。さらに、年に数回風邪を引くことは、悪いことではないと言う専門家もいます。そうではなくて、健康的な生活の重要性を主張しながらも、良好免疫システムを持つための兆候となると言います。免疫システムにも多くの謎があります。いくつかの免疫システムは非常に複雑で、一人ひとり異なっており、そのメカニズムはほとんど解明されていません。

....

解答 **(1) 2.** The frequency of coming down with a cold is quite different from one person to another.

設問の訳 筆者は風邪を引くことについて何と言っているか。

選択肢の訳 **1** 強力な免疫システムのために、生涯を通じて全く風邪を引かない人もいる。

2 風邪を引く頻度は人によってかなり異なる。

3 運動をすることは手洗いと同じくらい風邪を防ぐ効果的な方法である。

4 風邪を引いた人は、同じ時期に再び風邪を引く可能性が少ない。

☞ 第 1 段落 3 文目に、「すぐに風邪を引く人がいる一方で、めったに風邪を引か

ない人もいる」とあり、この部分を言い換えた **2 が正解**。このような一部分を言い換えただけの問題も準 1 級では出題されるが、**比較的簡単な問題が多いので、確実に正解しておきたい**。1 と 4 は言及なし。3 は、第 1 段落 1 文目に「日常的に運動と手を洗うのが同じくらい効果的に風邪を予防する」とは言っていないので、不正解。

ちなみに 1 のような never や always、every などを含んだ categorical answers（断定的な答え）**はだいたい不正解**になります。

さまざまな言い換えパターンに注意！

正解の選択肢は、本文中の肯定・否定を逆にして言い換えられる場合が多い！

解答 **(2) 3**. both the length and nature of stress are related to the likelihood of getting sick.

設問の訳 Sheldon Cohen 氏によって行われた 1991 年の研究が明らかにしたのは、

選択肢の訳 **1** 家族の一員によって引き起こされたストレスを受けている人々はより病気になりやすい。

2 ストレスの影響は人によって大きく異なるので、説明するのが難しい。

3 ストレスの長さと性質の両方が病気になる可能性と関連している。

4 たとえ日常的なストレスを受けていても、健康的な生活習慣を維持することによって病気は防ぐことができる。

☞ 設問に「Sheldon Cohen 氏によって行われた研究」とあるので、第 2 段落を確認すると、4 文目に **For example** と具体例があり、6 ヶ月以上ストレスを受けていた場合は、病気になりやすいと書かれている。さらに、5 文目には**「家庭内の問題よりも家庭外の問題の方が病気につながる」**と書かれている。これらを**「ストレスの長さと性質」**と言い換えた **3 が正解**。1 は逆で、家庭内の問題の方が病気になるリスクは少ない。2 は、第 2 段落 3 文目に「ストレスは説明が難しい」と書かれているものの、ストレスの影響が人によって大きく異なるとは書かれていない。4 は一見正しそうな内容だが、本文には書かれていないので不正解。

解答 **(3) 2.** a balanced meal or exercise are not as effective as being sociable when it comes to preventing a cold.

設問の訳 社会的なつながりと健康の関係の研究によると、

選択肢の訳 **1** 多くの社会的役割を持っている人は、多くの人と接触するため病気にかかりやすい。

2 風邪を防ぐには、バランスの取れた食事や運動は社会的であることほど効果はない。

3 良い社会的関係を持つ人は健康的な生活を送る傾向があり、病気にかかりにくい。

4 多くの社会的役割を持つことと健康でいることは、直接関係していない。

☞ 第3段落最終文に、「風邪を引くことを避けたいなら、良い社会的ネットワークを持っていることは、バランスの取れた食事や適度な運動よりも重要だ」とあるので、**2が正解**。本問のように準1級レベルの問題は、本文とは**主語を入れ替えただけでなく、別の構文を使って言い換えられていることが多い**。

1は逆の結論を述べているので不正解。3は、良い社会的関係を持つ人が病気にかかりにくいのは正しいが、健康的な生活を送る傾向があるとは書かれていないため、不正解であるややトリッキーな選択肢。4は、第3段落6文目に「多くの社会的役割を持てば持つほど病気にかかりにくくなる」とあるので、反比例の関係にあると言える。

解答 **(4) 1.** Some people remain free from experiencing the symptoms of a cold even after they catch one.

設問の訳 現代科学がいまだに解決していない謎の一つは何か。

選択肢の訳 **1** 一部の人は風邪を引いた後でも風邪の症状が現れない。

2 前世紀の人よりも、今の人はより風邪を引きにくい。

3 風邪を引くのを防ぐ複雑な免疫システムを持っている人がいる。

4 風邪の症状が出ない人は、風邪を他人にうつすことはない。

☞ 風邪に関して現代科学が解明できていないという点に関しては、最終段落1文目の後半に , leaving some phenomena unexplained. と書かれている。次の文は For example と**具体例が続くので、この部分に注目**する。すると、「風邪を引いてウイルスを撒き散らしていながら、咳や鼻水、頭痛、高熱などの症状が見られない人がいる」と書かれているので、これを **the symptoms of a cold「風邪の症状」と言い換えた 1 が正解。**

2 は本文に言及なし。3 は最終段落の最終文を何となく読んだ人が選びがちな選択肢。本文には最終文に「免疫システムは複雑なもので、人によって異なる」と書いてあるので、一部の人が複雑な免疫システムを持っているわけではない。4 は上記、最終段落1文目の後半より、風邪の症状が出なくてもウイルスを撒き散らす（＝風邪をうつす）とあるため、不正解。

具体例の列挙に要注意！

具体例は何の列挙になっているのかを考えることが重要！

▶▶▶ 読解問題対策必須「医学」語彙をマスター！

☐ an AIDS epidemic	エイズの流行
☐ a benign [malignant] tumor	良性 [悪性] 腫瘍
☐ a hereditary disease	遺伝病（heredity は「遺伝」）
☐ an infectious disease / a contagious disease	伝染病（前者は空中感染、後者は接触感染）
☐ a tooth decay / a cavity	虫歯
☐ eye strain	眼精疲労（nearsightedness は「近視」）
☐ food poisoning　食中毒	☐ altitude sickness　高山病

- ☐ tuberculosis　結核　☐ leukemia　白血病
- ☐ hepatitis　肝炎
- ☐ pneumonia　肺炎（respiratory disease は「呼吸器疾患」）
- ☐ asthma　喘息　☐ a stomach ulcer　胃潰瘍
- ☐ a mortality rate　（病気による）死亡率
- ☐ post-traumatic stress disorder（PTSD）　心的外傷後ストレス障害
- ☐ senile dementia　老人性認知症（Alzheimer's disease は「アルツハイマー病」）
- ☐ a health hazard　健康を害するもの
- ☐ a generic drug　商標未登録の薬（ジェネリック薬）
- ☐ blood donation　献血（blood transfusion は「輸血」）
- ☐ alternative medicine　代替医療
- ☐ antibiotic　抗生物質　☐ antidote　解毒剤
- ☐ artificial insemination　人工授精
- ☐ gene therapy [manipulation]　遺伝子療法 [操作]
- ☐ tissue engineering　再生医療　☐ euthanasia/mercy killing　安楽死
- ☐ holistic medicine　心身一体型療法（ホリスティック）
- ☐ hypnosis [hypnotic] therapy　催眠療法（hypnotist は「催眠術師」）
- ☐ immune therapy [deficiency]　免疫療法 [不全]
- ☐ a medical diagnosis　医学的診断（misdiagnosis は「誤診」）
- ☐ the placebo effect　擬似薬効果　☐ panacea [cure-all]　万能薬
- ☐ a prescription drug　処方薬　☐ public hygiene　公衆衛生
- ☐ an obesity rate　肥満率
- ☐ an organ transplant [recipient]　臓器移植 [移植者]
- ☐ a seeing-eye dog　盲導犬
- ☐ terminal care [patients]　末期医療 [患者]
- ☐ universal care　国民皆保険
- ☐ veterinary care　獣医の治療（veterinarian は「獣医」）
- ☐ carbohydrate　炭水化物（starch は「でんぷん」、protein は「たんぱく質」、vitamin は「ビタミン」、calcium は「カルシウム」）

リスニング
①対話型

一 気 に ス コ ア UP ！
短 期 集 中 ト レ ー ニ ン グ

５日目の動画をチェック！

QR コードをスキャンしよう！

英検準１級のリスニング問題とは？

英検準１級の問題は、CSE スコア 750 点満点で、英検２級など他の級と同様に一次試験全体の３分の１を占めます。

準１級は２級に比べて語彙が難しいとよく言われますが、たとえ単語力が少し足りないとしても、**リスニングで高得点を取ることができれば、十分に合格の可能性がある**のです。また、必要とされる時間という観点から考えても、よほどリスニングが苦手な人でなければ、**準１級水準の単語を覚えるよりもリスニングで合格点を目指す方が早い**と言えます。

▶▶▶ どんな形式の問題！？勉強法は？

リスニング問題には、**Part 1 の対話型**と **Part 2 のパッセージ型**、そして準１級で新たに始まる **Part 3 のリアルライフ型**の３種類があります。

問題数は Part 1 と Part 2 がそれぞれ 12 問ずつ、Part 3 が 5 問で、合計 29 問です。リスニングの試験時間は約 29 分間となります。音声は全て１度しか流れないため、出だしから集中して聞くことが大切です。一瞬の気のゆるみで聞き逃すと、正解を選べなくなる恐れがあります。

次に各パートの特徴を確認してみましょう。

Part 1 の対話型問題に関しては２級とそれほど変わらないので、比較的解きやすいと感じる人が多いと思いますが、それでも２級が２往復の会話だったのに比べ、**準1級は 3 往復前後と長くなる**ので、難易度が上がります。

また、Part 2 のパッセージ問題は、２級は１パッセージにつき設問が一つだったのですが、準１級は **1 パッセージに 2 問ついているため、記憶の負担が格段に上がります。**

さらに、Part 3 には **2 級までには存在しなかったリアルライフ型問題が出題されます。**

このように、２級よりもはるかに高難度のリスニング問題が課されることがおわかりいただけると思います。このような難易度の高い問題で高得点を取るためには、付け焼き刃なテクニックに頼るのではなく、**根本的なリスニング力を UP させることが遠いようで近道です。**具体的には、

> ①**毎日リスニングは欠かさずに行う**（リスニングはサボるとすぐに低下してしまう）
> ② NHK のラジオ放送で**会話形式のリスニングに慣れ**、ニュースの英語放送で**長文形式の英語**を途中で集中力を途切らせずに聞くことができるようにする
> ③リスニング問題を解いた後は、シャドーイングやディクテーションといった**リスニングの基礎力を伸ばすためのトレーニング**を行う

ことが非常に重要です。

　では、対話式リスニング問題を分析した後、その攻略法を述べながら、満点・高得点突破のためのスコア UP トレーニングを行いましょう。

対話型リスニング問題を大解剖！

　英検準 1 級の対話型リスニング問題は、2 級よりも往復数が増加するので、難易度は高くなりますが、それでもこの後に続く Part 2 や Part 3 に比べると簡単なので、できればここで高得点をゲットしておきたいものです。そのためにはリスニング力を伸ばすことは当然のことですが、そのほかにも問題の特徴やパターンを知っておくことが求められます。

　そこで最近の準 1 級で出題された問題を、登場人物、頻出トピック、質問パターン、正答パターンの見地から分析すると次のようになります。

◎「日常生活」の会話が最も多い！

　対話の登場人物は以下のように分類することができます。どれに当てはまるのかをつかむことによって、情景を思い浮かべやすくなります。

|リスニング・対話型問題登場人物パターン|

お店と客
店の店員やレストラン・ホテルスタッフや旅行会社窓口など多岐に渡る。
お客に対しては Mr や Ms といった敬称が使われる

その他

約 1.5 割

約 3 割

約 2 割

約 3 割

ファミリー同士
夫婦、親子、兄弟などで夫婦が最も多い。夫婦には Honey、親には Dad や Mom と呼びかけることが多い

友人同士（職場を除く）
学生同士の会話が多く、ファーストネームで呼ぶことが多い

職場
同僚同士、上司と部下など。上司に対しては Mr や Ms といった敬称が使われるが、同僚同士の場合、ファーストネームで呼ぶことが多い

◎ トピックは「日常・家庭」に関するものが最も多い！

出題されるトピックは主に次のように日常・家庭に関する話題が多いです。

▌リスニング・対話型問題出題トピック▐

その他
乗り物・交通（交通手段の選択、フライトの予約、変更、乗り遅れ、車の修理、レンタカー）
医療（ケガ、体調不良、健康法、スポーツジム）、
メディア（映画の感想、図書館の利用法、ネットのセキュリティー）など

余暇
レジャーの計画、アウトドア活動
（バーベキュー・ハイキング・
登山・キャンプ）、趣味の話題、
ボランティア活動など

教育
大学での進路・選択科目相談、
テスト勉強、子供の成績や
習い事、学費、願書の提出、
学生ビザ、部活動など

（円グラフ：約3割、約2割、約2割、約1割、約1割、約1割）

日常生活
買い物、食事の予定、交友関係
（ルームメイト・デート）、お金の
使い方、新居のあいさつなど

ビジネス
就職、人事異動、転職、起業、オフィスの設備、
アポ取り、会議の段取り、プレゼンテーションの
フィードバック、休日出勤など

家庭
家をめぐる話題（不動産の購入や賃貸・家の片付け・掃除・改装・
修理・不用品の処分）、家族をめぐる話題（結婚・出産・子育て）、
ペットの購入など

◎ 質問パターンは「行動」が最も多い！

準1級に限らず、英検のリスニング問題の質問文はパターン化されており、
バリエーションはあまり多くありません。主に、次のように分類されます。

▌リスニング・対話型問題質問パターン▐

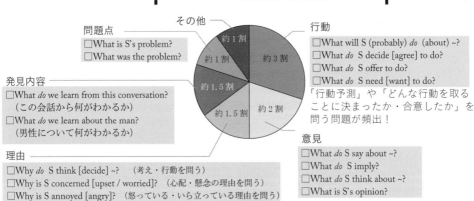

問題点
□What is S's problem?
□What was the problem?

その他

（円グラフ：約3割、約2割、約1.5割、約1.5割、約1割、約1割）

行動
□What will S (probably) *do* (about) ~?
□What *do* S decide [agree] to do?
□What *do* S offer to do?
□What *do* S need [want] to do?
「行動予測」や「どんな行動を取る
ことに決まったか・合意したか」を
問う問題が頻出！

発見内容
□What *do* we learn from this conversation?
　（この会話から何がわかるか）
□What *do* we learn about the man?
　（男性について何がわかるか）

理由
□Why *do* S think [decide] ~?　（考え・行動を問う）
□Why is S concerned [upset / worried]?　（心配・懸念の理由を問う）
□Why is S annoyed [angry]?　（怒っている・いら立っている理由を問う）

話者のセリフだけでなく、イントネーションにも
注意を払い、感情をつかむことが大切！

意見
□What *do* S say about ~?
□What *do* S imply?
□What *do* S think about ~?
□What is S's opinion?

意見やコメント、考え、暗示などが
問われ、会話中のセリフを言い換えた
選択肢が正解となる。
また、研究者や大学教授などの「個人
名」が出てきたら必ず問われる！

◎ 正答パターンは「類語・言い換え」が非常に多い！

「類語・言い換え」がほとんどで、全体の約5割を占めます。言い換えでは例えば、リスニングで登場する outrageous（法外な）を too high と言い換えた選択肢が正解になるなど、少し難易度の高い単語を言い換えるパターンが見られるので、単語力の有無も大きなポイントとなります。また、2級に比べると内容を要約した「サマリー・一般型」や推測した内容の「行間読み型」も多く、全体的に難易度が高くなっています。

対話型リスニング問題攻略法

◎ 対話型リスニング問題の流れはいかに！？

英検準1級の対話型リスニング問題は、2往復〜3往復からなる男女の会話です。**問題によって長さが異なり、2往復の会話からなる2級よりも長くなる**ので、注意しましょう。男女の関係は、会社の同僚、友人同士、カップル（夫婦）、教師と生徒など多岐にわたります。また準1級レベルになると、会話特有の表現から解答を想像しなければならない場合もあるので、注意しましょう。

▶▶▶ 全般的な対話型リスニング問題攻略法

2級と同様、**音声は1回しか流れません。**万一聞き逃してしまった場合、考え込むと次の問題も聞き逃してしまうという悪循環に陥るのが最も危険です。準1級は会話が3往復程度と長くなるので、内容を覚えていなかったら解答しようがありません。**わからない問題は潔くあきらめてさっとマークし、次の問題に備える**のが賢明です！

また、キーワードに着目しながら聞くことがリスニング攻略のカギとなります。特に、

①誰が何をしたか
②言動の理由
③時制や話題の変化を表すキーワード

に注目して聞きましょう！

▶▶▶ 選択肢パターンから「問題・答え」を予測！

　ところで、設問は問題用紙には書かれていませんが、選択肢を先読みすることで、どんな質問がくるかだいたいの見当をつけることができます。

　選択肢には大きく次の3つのパターンがあり、これに慣れておくことで解答がグーンと楽になります。

行動パターン

選択肢が動詞の原形で始まっているパターン。**話者の行動**が問われる。

問題パターン

選択肢が too~, un~, cannot, must not など否定的要素の場合、会話中に登場する**問題点、トラブル**が問われる。

人物特定パターン

選択肢の主語が全て He, She など同じ場合、男女のどちらの言動を答えるべきか特定できる。ただし、選択肢の**主語が He だとしても、女性の発言が解答の根拠になる場合がある**ので、注意が必要！

対話型リスニング　正答パターンはこれだ！

対話型問題には、読解問題と同様に、「行間読み型」「一般化・サマリー型」「類語言い換え型」の3つのパターンがあり、これで大部分の問題をカバーします。

① 行間読み型

対話型問題の半分以上を占めており、とりわけ難問タイプによく使われます。苦手な人は、149ページの「行間読みトレーニング」で、行間を瞬時に読めるようになっておきましょう。

☐ Kathy should wait to go on a date until her 17th birthday.
　（キャッシーは17歳の誕生日まではデートするのは待つべきだよ）

正解は
こうなる → **Kathy is too young to date**.（キャッシーはデートするには若すぎる）

☞ 「デートは17歳まで待つべき」という発言を裏返すと、「デートには時期尚早
(**too young to date**)」となる。典型的な行間読み型。

②サマリー・一般化型

対話中で聞こえてくる「具体的なものの名前」は、正解選択肢では、より大
きなグループにひっくるめて「カテゴリー化」した言い方に変わっているも
のを「一般化」型といいます。例えば、violin → musical instrument、ladle →
kitchen utensil、Track player → audio product のように選択肢では言い換えら
れます。「サマリー（要約）」型の正解選択肢を見極めるには、リスニング音声
を聞きつつ瞬時に「概念化」する力が試されます。こういった力は、リスニ
ング力 UP だけでなく、ライティング力 UP、スピーキング力 UP においても、
必須の技術ですので、しっかりマスターしておきましょう！

☐ Just make a budget and keep to it.（予算を組んでしっかり守ってください。）
正解は
こうなる → **Manage his money better.**（お金の管理をもっときちんとする。）

☞ 「予算を組んでしっかり守って」という発言を一般化すると、「お金をもっと
上手に管理する（**manage his money better**）」となります。典型的な一般化・サ
マリー型といえます。

☐ Your family has a history of diabetes?
（ご家族に糖尿病の病歴がおありですか？）
正解は
こうなる → **He may have inherited health problems.**
（彼は遺伝的に健康問題を受け継いだかもしれない）

☞ diabetes を health problems に「一般化」している。ちなみに、has a
history は inherited に「言い換え」られている、複合型問題！

③ 類語 - 言い換え型

　対話型では、比較的単純な言い換えをした初級レベルのものが多く見られますが、行間読み型や一般化・サマリー型との複合型は難易度が上がり要注意です。

☐ I guess it's inevitable.（回避できないと思うよ）

正解は
こうなる　→ **It cannot be helped.**（避けられない）

> 👉 **is inevitable** を **cannot be helped** に換えた類語言い換え型。

☐ You'll need a roomy car.（ひろびろした車が必要だね）

正解は
こうなる　→ **Buy a car with enough space.**（十分スペースのある車を買う）

> 👉 **roomy** を **with enough space** に換えた類語言い換え型

☐ The thing we're concerned with is keeping up with her college tuition.

　　（我々の懸念事項は、娘の大学の授業料を延滞せずに払えるかということです）

正解は
こうなる　→ **Her parents might find it difficult to cover the costs.**

　　　　（彼女の両親はそのコストをカバーするのは困難と思っているかもしれない）

> 👉 **keep up with** を **cover** に、**her college tuition** を **the costs** に、2 カ所言い換えて、かつ行間を読んだ複合型の上級レベル問題！

　この他、対話型リスニング問題では、**男性と女性のどちらの発言かを把握**しておかないと正解を導けない問題があるので要注意です。このタイプのトレーニングには、英検のリスニング問題の他、TOEIC のリスニングの Part 3 などの問題を使って、男女のどちらが、どんな主張を展開しているかを意識して聴く訓練をするとよいでしょう。

　それではここで、対話型で頻出の、「行間読み」トレーニングにまいりましょう！

対話型リスニング問題「(imply 型)
行間読み」トレーニングにチャレンジ！

　ではここで、リスニング問題で必須の、行間読みのトレーニングをするために、次のスクリプトを読んで、答えを考えてみましょう。それぞれ文字通りの解釈では解けないように、巧みに選択肢が作られています。これらの問題がすぐにわかるようになれば、リスニング問題がどんどん解けるようになります。読んで、即座に解答するようにしてください。では、スタート！

---

1. M: If I were you, I would take a taxi instead of a bus. It will save you a lot of time.

　W: But the fare makes me nervous.

Q: What does the woman imply?

(A) It is not fair to compare bus with a taxi.

(B) She prefers taking a bus because it is cheap.

(C) It will save her a lot of time to take a taxi.

(D) She gets nervous whenever she takes a bus.

解答解説 (B)「私ならバスでなくてタクシーにする」という発言に対し、The fare makes me nervous.(料金が気になるの) という女性の発言の行間を読むと「(タクシーは高いから) 安いバスを利用したい」が解答となります。**fare**（料金）と **fair**（公平な）の sound confusion に要注意！　　　　　　　　　　（★★）

---

2. W: It's stupid of me to stay indoors for work when it's lovely outside.

　M: But you have a deadline to meet, don't you?

Q: What does the man imply?

(A) The woman has to attend the meeting.

(B) The woman might have an accident when she goes outside.

(C) The woman should do her job at home.

(D) The woman cannot do outdoor activities.

(C)「いい天気なのに、室内で仕事なんてばかみたい」という発言に対し、
But you **have a deadline to meet,** don't you?（でも**締切がある**よね？）という
男性の発言の心は、「家で仕事をしなさい」となる。(D) の outdoor activities は、「（ゴ
ルフなどの）屋外の（レジャー）活動」をさすが、ここでのポイントではないの
で不可。 （★★）

---

3. W: From what Joan said, I guess she has something personal against me.
   M: Come on, Susie, don't read too much into it.

Q: What does the man mean?

(A) The man is reading too many books that Joan wrote.

(B) Joan made only a casual remark.

(C) The man read evil intentions into Joan's words.

(D) The man shouldn't ask Joan personal questions.

(B)「Joan は私に私的な反感を持っていると思うわ」という発言に対し、
Don't read too much into it.（**深く読み過ぎるなよ**）という男性の発言の行間を
読むと、「（そんなことないよ。）Joan は思い付きで言っただけさ」が正解。casual
remark は「**でまかせの発言**」。聞こえてくるのと同じ表現を使った誤答（(D) の
personal など）にひっかからないように注意！ （★★）

---

4. M: Do you mind if I turn the television off?
   W: I've just got to the most interesting part of the story.

Q: What does the woman imply?

(A) This is the most interesting program she has ever watched.

(B) The man should watch the program, too.

(C) The program will be over soon.

(D) The man should leave the television on.

(D)「テレビ消してくれる？」という発言に対し、**I've just got to the most
interesting part of the story.**（話は佳境に入った）という女性の発言の心は、「だ
から、テレビは消さないで」となる。（B）はあまりにも強引で×！ （★★）

5. W: Eric told me he would wash his hands of the deal just as I'd advised him to.

M: He is just saying that.

Q: What does the man mean?
(A) Eric will take the woman's advice.
(B) Eric will remain the same.
(C) Eric will wash his dirty hands.
(D) Eric really likes old sayings.

解答
解説　(B)「Eric は取引から足を洗うって言ってたよ」という発言に対して、**He is just saying that.（口だけさ）**という男性の行間を読むと、「Eric は相変わらず（足は洗わない）さ」となる。wash one's hands of 〜 は「**〜から足を洗う**」の意味のイディオム。　　　　　　　　　　　　　　　　　　　（★★★）

6. W: I don't blame you for being angry at me. I can be hard to handle.

M: I've had worse.

Q: What does the man imply?
(A) The woman is not as difficult as she thinks she is.
(B) The woman is very hard to deal with.
(C) She is the worst woman he has ever met.
(D) She is more attractive than he expected.

解答
解説　(A)「怒るのも無理ないわ。**私って扱いにくいでしょう（I can be hard to handle.）**」に対して**I've had worse.（もっとひどいのを経験したことあるよ）**という男性の真意は、「君が思うほど扱いにくくないよ」となる。**比較級を含む発言の行間読みには、難問が多い！**　　　　　　　　　（★★★）

7. M: I think it's a silly prejudice. Try it, you'll like it.

W: No! Marine plants don't agree with me.

Q: What does the man think about the woman?
(A) She is picky about food.

(B) She has a silly prejudice against men.

(C) She often disagrees with him.

(D) She is not a good marine officer.

解答
解説　**(A)**　「食わず嫌いだよ。食べてごらん、おいしいよ」という男性の発言と、「海藻は**きらい**なの (Marine plants **don't agree with** me.)」という女性の反応から imply する内容は、「女性は**食べ物にうるさい** (**She is picky about food.**)」となる。発言と同じ表現や音を使った選択肢 ((B) の silly prejudice や、(C) の disagrees with) はよくある誤答パターン！ silly prejudice は「**食わず嫌い**」、be picky about food は「**食べ物の好みがうるさい**」。　　　　　　　　　　　(★★★)

8. W: I wonder what has happened to Mike. He should have been here by now.

M: It's the same old story, you know.

Q: What does the man mean?

(A) Mike is later than usual.

(B) Mike is not a punctual person.

(C) Mike must be stuck in a traffic jam.

(D) Mike likes telling the same old story.

解答
解説　**(B)**「マイクどうしたのかしら？もう、ここに到着していないといけないのに」に対して、It's the same old story. (いつものことだ) という男性の発言の行間を読むと、「マイクは（いつも遅れる）**時間を守らない**奴さ (Mike is **not a punctual person**.)」が正解！ punctual は「**時間厳守の**」　　　(★★)

9. W: How was Professor Brown's lecture on climatology?

M: Well, I almost dozed off in the middle of it.

Q: What does the man imply?

(A) The lecture was boring.

(B) The lecture was enlightening.

(C) The lecture was shorter than he had expected.

(D) The lecture was informative.

解答
解説 (A)「気候学の講義はどうだった？」に対して、**I almost dozed off in the middle of it.**（途中でうたた寝しそうになったよ）という男性の発言の行間を読むと、「講義は退屈だった」となる。doze off は「**うたた寝する**」、climatology は「**気候学**」。 （★★）

---

10. M: Do you think Tony can solve the math problem, Cathy?

    W: If he can't solve it, no one can.

Q: What does the woman imply?

(A) Tony is the only person that can solve it.

(B) Nobody except Tony will try to do it.

(C) The problem is too difficult for Tony to work out.

(D) Tony will definitely be able to find its answer.

解答
解説 (D)「トニーは数学の問題解けると思う？」に対して、女性の発言「トニーに解けなければ誰にも解けない」の行間を読むと、トニーの問題解決能力に自信を示した（D）の「トニーは絶対解けるよ」が正解。ポイントではない（A）が、ディストラクターとなっている難問！ （★★★）

---

11. M: Do you know a good place where I can spend the holiday with Cindy?

    W: Have you ever been to the amusement park named Fantasy?

Q: What does the woman imply?

(A) The man fantasized about spending the holiday with Cindy.

(B) The man should go to an amusement park with Cindy.

(C) Fantasy is a nice place for him to visit with Cindy.

(D) The man has never visited the fantastic land.

解答
解説 (C) 「Cindy と休暇を過ごすいい場所知ってる？」という**疑問文に対して**、女性が「Fantasy という遊園地に行ったことある？」と**疑問文で返している、行間読みの典型問題**。女性の発言の心は、「（私は行ったんだけど、すごく良く）ファンタジーがおすすめ」となる。 （★★）

12. W: I think I'll move to New York if I find apartment.

   M: Only if you find one.

Q: What does the man imply?

(A) She won't move out for some time.

(B) She is looking for a better apartment.

(C) She should remain where he is living now.

(D) She will never move to New York.

解答
解説　**(A)** 「アパートが見つかったら New York に引っ越すわ」に対して、「アパートが見つかったらの話でしょう」といっている男性の発言の行間をとると、「(なかなかアパートは見つからないので) しばらくは引っ越さないだろう」となる。Only if ...(もし～したらね) という省略構文を使った答えは、imply 型問題をさらに難問にしている！　　　　　　　　　　　　　　　　　　　　　　　　(★★★)

　それでは、次に実践問題を通して実際の試験でどのくらい点数が取れるのかを確認してみましょう。

　まずは、英検準1級で頻出の「友人同士の対話」リスニング問題からチャレンジしていただきましょう。

対話型リスニング問題はこれだ！①友人同士

1 He has been playing the violin for ten years.
2 He used to play the violin better than he does now.
3 He sometimes plays the violin at concerts.
4 He recently played the violin for the first time.

いかがでしたか？ ではスクリプトと攻略法をご覧いただきましょう。

 スクリプト

☆ Hi, James. I heard you joined an orchestra.
★ Yes. I wanted to do something on weekends.
☆ I didn't know that you could play an instrument. What do you play?
★ The violin. Point But I found I couldn't play it properly. It's been ten years since I quit playing it.
☆ You'll get better soon. Please let me know when you play at a concert.

☆ **Question: What does James say about playing the violin?**

推測問題に注意！

英検準1級のリスニング問題では、簡単な推測が問われることがある。
会話内容をそのまま言い換えた選択肢ばかりではない！

☞ ジェームズが最後に「うまく弾けない、弾くのをやめて10年になる」と言っている点、女性が最後に「すぐにうまくなる」と言っている点から行間を読んで**以前の方がうまく弾けていたと推測できるので、選択肢2が正解。** 行間読み型

☞ 1は、本文中の for ten years を使ったひっかけ。「10年間弾いている」ではなく、「10年ぶりに弾き始めた」が正しい。3は、コンサートで弾くときには教えて

ほしいと女性が最後に言っているだけで、現在コンサートで弾いているわけではない。4 は、10 年前はバイオリンを弾いていたことから、for the first time が誤り。

訳 ☆あら、ジェームズ。あなた、オーケストラに所属したって聞いたわよ。

★うん。週末に何かしたくてね。

☆楽器を弾けるなんて知らなかったわ。何を弾くの。

★バイオリンだよ。でも、うまく弾けないことに気づいたんだ。弾くのをやめて 10 年になるからね。

☆すぐにうまくなるわよ。コンサートで弾く時には教えてね。

質問）ジェームズはバイオリンを弾くことについて何と言っていますか。

選択肢の訳 **1** 10 年間バイオリンを弾いている。

2 以前は今よりもバイオリンを弾くのが上手だった。

3 時々コンサートでバイオリンを弾く。

4 最近、初めてバイオリンを弾いた。

次は、頻出の店員との対話リスニング問題にチャレンジしていただきましょう。

対話型リスニング問題はこれだ！
②店員との会話

1 Exchange the glasses.
2 Wait until next Monday.
3 Get his money back.
4 Contact another store.

いかがでしたか？　ではスクリプトと攻略法をご覧いただきましょう。

 スクリプト

★ Good morning. I'd like to ask you about the wine glasses. I ordered blue glasses, but red ones arrived.

☆ I'm sorry, sir. Do you have a receipt?

★ Here it is. Can I have blue glasses now?

☆ I'm very sorry. Blue glasses are out of stock right now. You'll need to wait until next Monday or we can give you a refund.

★ I need the glasses this Saturday and Sunday. Point So I can't wait until next Monday.

☆ OK. Then let me prepare the necessary document.

☆ **Question: What does the man decide to do?**

行動を尋ねる問題

リスニング問題では行動を尋ねる設問形式がよく出る！
準1級では応答からどのような行動を取るか導く必要がある！

☞ 女性の2つ目の発言で**「月曜日まで待つ」か「返金をするか」の2択**を提示されていることに注目する。

☞ 男性が最後に「来週まで待てない」と言っており、女性が書類の準備をしているので、これから返金されると考えられる。'refund' を 'get ~ money back' と言い換えている**選択肢3が正解**だと判断する。類語言い換え型

☞ 1と2は、在庫切れで月曜まで交換はできないが、それまで待てないと男性が言っているため、不正解。4は、この会話からは読み取れない。

訳 ★おはようございます。ワイングラスのことでお尋ねしたいのですが。青のワイングラスを注文したのですが、赤が届いたのです。

☆申し訳ございません。レシートはお持ちですか。

★こちらです。青のグラスを今もらえますか。

☆大変申し訳ございません。青のグラスは只今、在庫を切らしております。来週の月曜までお待ちいただくか、返金をさせていただくこともできます。

★今週の土曜と日曜にグラスを使うのです。なので、来週の月曜まで待つことはできません。

☆わかりました。では、必要な書類を準備させていただきます。

質問）男性は何をすることに決めましたか。

選択肢の訳 **1** グラスを交換する。

2 来週の月曜まで待つ。

3 返金してもらう。

4 別の店に連絡を取る。

それでは、対話式リスニング模擬問題にまいりましょう！

対話型リスニング模擬問題にチャレンジ！

No.1

1 Call Janet.
2 Go home.
3 Return to his work.
4 Give her Janet's phone number.

No.2

1 Leave the office.
2 Give a presentation.
3 Go to a hospital.
4 Prepare for the presentation.

No.3

1 Add references in his report.
2 Submit the report by the deadline.
3 Come to see her another time.
4 Go to the college library.

No.4

1 He can book a conference center cheaply.
2 He can give a presentation with a projector.
3 Many customers will come to the conference.
4 He can decide on the conference center.

No.5

1 The restaurant had fewer workers than usual.
2 Some employees did not come on time.
3 The manager forgot to clean the restaurant.
4 The restaurant received a complaint from a customer.

No.6

1 She has promised to take the man to the restaurant.

2 One of the cooks at the restaurant is a friend of hers.

3 She heard good reports about the restaurant.

4 The restaurant is not crowded during lunchtime.

No.7

1 She will not make David's dinner.

2 It is dangerous to walk around at night.

3 She wants David to set his schedule.

4 She will go shopping this afternoon.

No.8

1 Fix the gate.

2 Go to a store.

3 Call a repairman.

4 Drive around the city.

No.9

1 Finish the meeting soon.

2 Schedule a meeting on another day.

3 Give Mr. Taylor his contact information.

4 Tell Mr. Taylor about the new schedule.

No.10

1 Start saving money.

2 Buy a new house.

3 Work longer hours.

4 Look for a cheap apartment.

No.1 解答 **3**　Return to his work.

🔊▶ 👤スクリプト

☆ Hi, Elliott, are you still working? Isn't Janet supposed to work the night shifts?

★ Yes. But she hasn't come yet. Hasn't she contacted you yet?

☆ No. It's strange since she usually comes to work early. I'm worried about her.

★ I have her phone number. Shall I call her?

☆ **Thanks, but I'll do that. I know you are busy with your work now.**

☆ **Question: What does the woman ask Elliott to do?**

訳 ☆あら、エリオット。まだ働いているの？ジャネットが夜のシフトで働くはずじゃなかったかしら。

★うん。でも、彼女はまだ来ていないんだ。君に連絡していないかい。

☆いいえ。いつも仕事に早く来るのに変ね。彼女のことが心配だわ。

★彼女の電話番号を持っているよ。電話しようか。

☆ありがとう。でも、それは私がするわ。今は仕事で忙しいでしょう。

質問）女性はエリオットに何をするように頼んでいますか。

選択肢の訳 **1** ジャネットに電話をする。

2 帰宅する。

3 仕事に戻る。

4 彼女にジャネットの電話番号を教える。

👉 女性が最後に I'll do that.「（ジャネットへの連絡は）私がするわ。」と言い、さらに男性に「仕事で忙しいでしょう。」と言っていることから、間接的に仕事に戻るように伝えていることがわかる。したがって、行間を読んで **3 が正解**。1 は、女性がすると言っているので、不正解。2 と 4 も、仕事に戻るように言っている女性の発言と矛盾する。　行間読み型

依頼型の設問は気持ちに注目！

依頼する設問は、Can you や Please など直接的な聞き方とは限らない！話者の気持ちを考えながら聞くことが大切！

No.2 解答 **4** Prepare for the presentation.

Track
4

 ♟スクリプト

☆ You look pale. Do you feel sick?

★ I think I'm getting a cold, but I don't think it's very bad.

☆ Why don't you leave work early today? Early treatment is important.

★ Right, then I'll go home after preparing for the presentation tomorrow.

☆ That's no problem. **I can do that for you.**

★ **Thank you, but it's half-finished.**

☆ **Question: What will the man probably do next?**

訳 ☆顔色が悪いわね。具合が悪いの？

★風邪を引き始めていると思うんだ。でも、そんなにひどくはないと思うよ。

☆今日は早く帰ったらどう？ 早めの対処が重要だわ。

★そうだね、それでは、明日のプレゼンテーションの準備が終わったら帰るよ。

☆それは大丈夫よ。私が代わりにするわ。

★ありがとう。でも、もう半分終わっているんだ。

質問）男性は次におそらく何をしますか。

選択肢の訳 **1** オフィスを出る。

2 プレゼンテーションを行う。

3 病院に行く。

4 プレゼンテーションの準備をする。

☞ 女性が最後に「私が代わりにする」と申し出ているが、男性は「半分終わっている（から終わらせて帰る）」と返答していることから、男性はまず仕事を終わらせてから帰ると思われる。ここから行間を読んで、**4 が正解**。1 や 3 は仕事が終わってから取ると考えられる行動なので、次に行う動作ではない。2 は、男性の 2 つ

目の発言で、プレゼンテーションは明日だとわかるため、不正解。 行間読み型

反論型の返答！
相手の提案に反論する場合があるので要注意！
その場合、提案の逆が正解になる！

No.3 解答 **1**　Add references in his report.

Track
5

 🎤スクリプト

★ Excuse me, Ms. Johnson. Could you spare me a little of your time?

☆ Sure. What seems to be the problem?

★ Well, it's about the report. Why did it receive such a low grade?

☆ **The problem was it didn't include enough references to articles, papers, and books, and so on.**

★ But I couldn't find any in our library.

☆ Maybe you could try the city library.

★ Thank you. I'll go there this afternoon.

☆ **Question: What does Ms. Johnson want the man to do?**

訳 ★すみません、ジョンソン教授。少しお時間を割いていただいてもよろしいでしょうか。

☆もちろんです。どうしましたか。

★実は、レポートについてなのです。なぜ、こんなに悪い点数がついたのでしょうか。

☆問題は、記事や論文、書籍など十分な引用が含まれていないことです。

★でも、学校の図書館には見つかりませんでした。

☆市立図書館を試してみてはどうですか。

★ありがとうございます。今日の午後に行ってみます。

質問）ジョンソン教授は男性に何をしてもらいたいですか。

163

選択肢の訳 **1** レポートに引用を追加する。

2 締め切りまでにレポートを提出する。

3 別の時に会いにくる。

4 大学の図書館に行く。

 女性が2つ目の発言で、レポートの問題点について言及している。「記事や論文、書籍など十分な引用が含まれていない」と言っていることから行間を読み、**1 が正解**だとわかる。2と3は言及がない。4は、男性の3つ目の発言で our library（＝学校の図書館）では見つからなかったと言っているため、不正解。　行間読み型

問題解決タイプの会話はパターンを読め！

問題解決タイプの会話では、まず問題点→原因・理由→解決策の順番に会話が進むことが多い！

No.4 解答 4 He can decide on the conference center.

Track 6

🔊 スクリプト

☆ Hi, Mark. Is next month's conference going to be held at the usual conference center?

★ That's unlikely because the number of applicants is already too large for that center. I've searched for other facilities and I've found three possible options.

☆ Hmm... This one is much more expensive than the others. Why is that?

★ Because this center is equipped with a projector.

☆ **I hear a projector is necessary for most presentations. Also, all the centers are within our budget.**

★ I'm glad to hear that. I'll make a reservation now.

☆ **Question: Why is Mark happy?**

訳 ☆こんにちは、マーク。来月の会議はいつものカンファレンスセンターで行われるの？

★それはなさそうだ。申込者の数がもうすでにセンターの収容人数を超えているからね。別の施設を探していて、3つの候補を見つけたんだ。

☆なるほど。ここは他の2つよりもずっと高いわね。どうしてなの。

★このセンターはプロジェクターがついているからだよ。

☆ほとんどのプレゼンテーションでプロジェクターが必要だと聞いているわ。あと、全てのセンターは予算内ね。

★それは良かった。すぐに予約をとるよ。

質問）マークはなぜうれしいのですか。

選択肢の訳 **1** カンファレンスセンターを安く予約することができる。

2 プロジェクターでプレゼンテーションをすることができる。

3 多くのお客が会議に来る。

4 カンファレンスセンターを決めることができる。

☞ 質問に該当するのはマークの最後の発言 I'm glad to hear that. の部分なので、その直前の女性の発言に注目すると、プロジェクターが必要で、全てのセンターが予算内だと言っているので、プロジェクターつきの一番高いセンターを借りれば良いということがわかり、喜んでいると考えられる。ここから行間を読んで、**4 が正解**。1は言及なし。2は、会話をしている人がプレゼンテーションをするとは言っていないため、不正解。3は、多くの人が会議に来ることはマークの1つ目の発言にあるものの、喜んでいる原因ではない。 行間読み型

選択タイプの会話は候補を考えながら聞く！

選択タイプの問題では、候補となるものの違いを整理しながら聞くことが大切！

No.5 解答 **1**　The restaurant had fewer workers than usual.

 スクリプト

☆ Hey, Dick. Do you know why the manager looks so angry today?

★ Yeah, some people from headquarters came and checked the restaurant yesterday. After that, they reported that the floor had not been wiped properly and the bathroom was too dirty.

☆ That's because Ben took sick leave and we were understaffed yesterday. Usually, we keep our restaurant clean.

★ You're right. But we will be scolded, anyway. He said he would hold an urgent meeting.

☆ It can't be helped. I hope it's a short meeting.

☆ **Question: What problem happened yesterday?**

....

訳 ☆ねえ、ディック。どうして店長が今日あんなに不機嫌なのか知ってる？

　★ああ、昨日、本社から何人か来てレストランを点検したんだ。その後、床がきちんと拭かれていないし、トイレが汚なすぎると報告したんだよ。

　☆昨日はベンが病欠を取って人手が足りなかったからよ。いつもはレストランを綺麗にしているわ。

　★その通りだ。でも叱られるだろうね。店長は緊急会議を行うと言っていたよ。

　☆仕方ないわね。短時間で済めば良いんだけど。

質問）昨日、どんな問題が起こりましたか。

選択肢の訳 **1** レストランは人手がいつもより少なかった。

　　　　　 2 数名の従業員が時間通りに来なかった。

　　　　　 3 店長がレストランを清掃するのを忘れた。

　　　　　 4 レストランがお客から苦情を受けた。

☞ 男性の1つ目の発言で本社からの点検で店内の清掃が不十分だと指摘された点、その理由として女性が 'understaffed' といつもより人手が少なかったと言っているので、それを 'fewer workers' と言い換えた **1 が正解**だとわかる。2は、病欠を取ったベンが時間通りに来なかったと解釈しても some employees が誤り。3や4は特に言及なし。 類語言い換え型

┌───┐
│ **イレギュラーなトラブルに注目！** │
│ 普段は起こらないトラブルが会話中で発生した場合、問題と │
│ して問われることが多い。問題の内容と原因、結果を把握す │
│ ることが大切！ │
└───┘

....

No.**6** 解答 **3** She heard good reports about the restaurant.

⬭▶ 🎙スクリプト

★ Hi, Cindy. How about having lunch with me today?

☆ Great! I was just thinking about going to the Italian restaurant near the station.

★ I didn't know that a new restaurant had opened. Have you visited it before?

☆ Not yet. **But some of my friends went there, and all of them said the food was good.** I've heard the head chef is famous and sometimes appears on TV.

★ Really? Then, I might recognize him. I just hope we can get back to the office in time.

☆ So do I. It can be so crowded.

☆ **Question: Why does Cindy suggest going to the Italian restaurant?**

訳 ★やあ、シンディー。今日一緒に昼食でもどう？

　☆良いわね！駅近くのイタリアンレストランに行こうかと思っていたところなの。

　★新しいレストランが開いたなんて知らなかったよ。以前に行ったことはあるの？

　☆まだよ。でも友人が何人か行って、みんな料理がおいしいと言っていたわ。料理長が有名な人で、テレビにも時々出ているらしいのよ。

　★本当かい？じゃあ、知っているかもしれないな。時間内にオフィスに戻れれば良いけど。

　☆そうね。混んでいるかもね。

質問）なぜシンディーはイタリアンレストランに行くことを勧めていますか。

選択肢の訳 **1** 彼女は男性をレストランへ連れて行くことを約束していた。

　　　　 2 レストランのコックの一人が彼女の友人である。

　　　　 3 彼女はレストランについて良い評判を聞いた。

　　　　 4 レストランは昼食時、混雑していない。

☞女性の２つ目の発言の「友人が何人か行って、みんな料理がおいしいと言っていた」という 'food was good' の部分を 'good reports'「良い評判を聞いた」と言い換えた **3 が正解**。

1 は、女性の１つ目の発言で、たまたまレストランに行こうとしていただけだとわかるので、不正解。2 は言及なし。4 は女性の最後の発言に「混んでいなければ良

い」とあるため、不正解。**類語言い換え型**

会話中に出てきた単語を含む選択肢を安易に選ぶな！

会話中に出てきた単語をそっくりそのまま使った選択肢は、ディストラクター（誤答）であることが多い！ 正確に聞き、選択肢を読むことが大切！

No.7 解答 **3** She wants David to set his schedule.

Track 9

スクリプト

☆ David, weren't you supposed to go shopping with your friends?

★ No, Mom. James called me just now and he said that he had another plan for the morning. So we'll go shopping this afternoon.

☆ Then you'll come back late in the evening, right? Will you need dinner at home?

★ I don't know. I'll call you later.

☆ When? **I need to know before I start making dinner.**

★ OK, I'll come home early to have dinner at home.

☆ **Question: What does the woman imply?**

訳 ☆デイビッド、友達と買い物に行くはずじゃなかったの？

★いや、母さん。ジェームズが先ほど電話をしてきて、午前中は別の予定ができたと言ったんだ。だから、買い物は午後にしたんだよ。

☆じゃあ、帰りは夕方遅くになるわね。夕食は家で必要なの？

★わからないな。後で電話するよ。

☆いつ？ 夕食を作り始める前に知る必要があるわ。

★わかった。家で夕食をとるために早めに家に帰るよ。

質問）女性は暗に何と言っていますか。

選択肢の訳 **1** 彼女はデイビッドの夕食を作らない。

2 夜に歩き回るのは危険である。

3 彼女はデイビッドにスケジュールを確定させて欲しい。

4 彼女は午後に買い物に行く。

 女性の最後の発言で、夕食を作り始める前に夕食を家で食べるのかどうかを知りたいと言っていることから行間を読み、スケジュールを確定させて欲しいと思っていることがわかるため、**3 が正解**。1 は、初めから夕食を作らない予定ではないため、不正解。2 は言及なし。4 も買い物に行くのはデイビッドなので、女性は関係ない。 行間読み型

> **感情的な表現に注目！**
> 驚き・怒りなど話者が強い感情を表した場合、その部分が問題に関連することが多い！

No.8 解答 **2** Go to a store.

スクリプト

☆ Honey, can you help me fix the gate?

★ Why? Is there any problem with it?

☆ It makes a strange sound when I open and close it. Didn't you notice?

★ It's been used for over twenty years. It might be time to replace it.

☆ Hmm... **Then, why don't we go to see some at a store?**

★ OK, I'm free this afternoon. I'll drive.

☆ **Question: What will the couple do?**

訳 ☆あなた、門を直すのを手伝ってもらえる？

★どうして？ 問題でもあるのかい？

☆開閉するときに変な音がするのよ。気づかなかった？

★20 年以上使っているからね。取り替える時期なのかもしれないな。

☆そうね。じゃあ、お店に見に行きましょうか。

★いいよ。今日の午後は空いているから。車を運転するよ。

質問）夫婦は何をしますか。

選択肢の訳 **1** 門を直す。

2 店に行く。

3 修理工に電話する。

4 町中をドライブする。

☞ 女性の最後の発言で、門を見るために店に行くことを提案しているのに対し、男性が同意しているため、**2 が正解**。1 は一つ目の女性の発言で門を直すことを頼んでいるが、2 つ目の男性の発言で、門を取り替えることになったため、不正解。3 は言及なし。4 は男性の最後に drive とあるが、店に車で行くと言っており、町中をドライブするわけではない。

賛成・反対以外の選択肢をチェック！

提案に対して、賛成・反対以外に別の提案をする場合がある！

No.**9** 解答 **4**　Tell Mr. Taylor about the new schedule.

Track
11

 👤スクリプト

★ Hello, I'm Kent Webb, from the sales department. Is Mr. Taylor in?

☆ I'm afraid he's in a meeting right now. Do you have an appointment?

★ Yes, we were scheduled to have a short meeting.

☆ I see. Could you wait here for a while? I think it's about time the meeting finished.

★ Then, I'll come back in thirty minutes. **Could you tell him our meeting will start at 11 a.m.?**

☆ Sure.

☆ **Question: What does Mr. Webb want the woman to do?**

訳 ★こんにちは。営業部のケント・ウェブです。テイラーさんはいらっしゃいますか。

　☆残念ながら、彼は今、会議に出ています。予約はありますか。

★はい。簡単な会議をする予定だったのです。

☆わかりました。少しこちらでお待ちいただけますか。もうすぐ会議が終わる頃だと思います。

★それでは、30 分後に戻ります。会議は 11 時から始めるとお伝えいただけますか。

☆わかりました。

質問）ウェブさんは女性に何をしてもらいたいですか。

選択肢の訳 **1** 会議をすぐに終わらせる。

2 別の日に会議を予定する。

3 テイラーさんに連絡先を伝える。

4 テイラーさんに新しいスケジュールを伝える。

男性が「簡単な会議をする予定だった」のを「会議は 11 時から始める」と言っているので、**4 が正解**。特定の時間を「新しいスケジュール」と言い換えられている点に注意する。1 と 3 は言及なし。2 は当日に会議を行う予定なので、不正解。

類語言い換え型

予定の変更は要チェック！

会話中に出てくる予定は変更される場合がある。Before と After をしっかりと聞き取ること！

No.**10** 解答 **1** Start saving money.

スクリプト

☆ Honey, why don't we move into a new apartment?

★ Why? Is there anything you don't like about this one?

☆ No. But we're having a baby next year. Don't you feel this apartment will be a bit too small for the three of us to live in?

★ But moving would cost a lot of money. Besides, we will have to spend money on the baby. I don't think we can afford to rent a new apartment right now.

☆ You have a point. **Maybe we should cut down on our spending and move next year.**

☆ **Question: What will the couple probably do?**

....

訳 ☆あなた、新しいアパートに引っ越したらどうかしら？

★どうして？ 何か気に入らないことでもあるの？

☆いいえ。でもね、来年は赤ちゃんが産まれるのよ。このアパートは3人が暮らすには少し狭くないかしら？

★でも、引っ越すにはたくさん金がかかるよ。さらに、赤ちゃんのためにもお金を使わないといけない。今すぐ新しいアパートに引っ越す余裕はないと思うな。

☆一理あるわね。今は出費を抑えて引っ越しは来年にするべきね。

質問）夫婦はおそらく何をしますか。

選択肢の訳 **1** 金を貯め始める。

2 新しい家を買う。

3 より長時間働く。

4 安いアパートを探す。

☞ 男性の最後の「今すぐ新しいアパートに引っ越す余裕はない」という発言に女性が同意して、「今は出費を抑えて引っ越しは来年にするべき」と言っているので行間を読み、来年の引っ越しに向けて貯金をすると考えられる。したがって、**1 が正解**。他の選択肢はいずれも言及なし。4 は経済的に苦しい状況から想像して選んでしまいがちな選択肢なので、注意が必要。 行間読み型

応答表現に要注意！

会話中に出てきた You have a point.「一理ある。」のような応答表現を聞いたときに、賛成なのか反対なのかを瞬時に判断せよ！

リスニング
②パッセージ型・
リアルライフ型

一 気 に ス コ ア UP！
短 期 集 中 ト レ ー ニ ン グ

6 日目の動画をチェック！

QR コードをスキャンしよう！

パッセージ型リスニング問題を大解剖！

　英検準1級のパッセージ型リスニング問題は、**150語程度**のパッセージを聞き、内容に一致する選択肢を**2問解答**します。そのため、2級までの1パッセージ1問に比べると、難易度が大きく上がります。問題は全部で6パッセージ、12問あります。

　パッセージは2段落の構成で、ほとんどの場合、1段落につき1問問題があります。もちろん、リスニング問題を聞くので段落の切れ目を目で確認することはできませんが、**段落が変わると話題が変化する**ので、要点を確認しながら聞くことが重要です。解答の際にわからない場合は、素早くマークして次の問題に備えることが大切です。

　質問は問題文に印刷されておらず、パッセージが流れ終わった後に読まれます。そのため、**事前に質問内容を先読みすることはできません。**また、他のパートと同様、**リスニングは1回しか流れない**ので、1度目に質問内容を把握して2度目に答えるということもできません。

　解答の際は、問題に印刷されている選択肢から、キーワードになりそうなものをチェックし、音声の内容と照合していきましょう。

　あまり解答時間は長くないので、選択肢を一つひとつ全部読む必要はありません。違っていることに気づいた時点で消去していきましょう。

　では、パッセージ型リスニング問題の内容を詳しく確認していきましょう。最近の英検で出題されたパッセージ型リスニング問題に関して、頻出トピック、質問パターン、正答パターンの分析をした結果は次のようになります。

◎トピックは「科学」、「社会問題」に関するものが最も多い！

　トピックは文系・理系を問わずさまざまなものが出題されます。パッセージの長さは**150語**前後にもおよび、2級の2倍以上です。選択肢の語数は5〜8語程度です。「歴史・文化」に関する問題は数年前に登場し、ここ数年では非常によく出題されています。

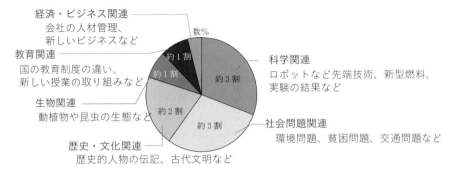

リスニング・パッセージ型問題出題トピック

経済・ビジネス関連
　会社の人材管理、
　新しいビジネスなど

教育関連
　国の教育制度の違い、
　新しい授業の取り組みなど

生物関連
　動植物や昆虫の生態など

歴史・文化関連
　歴史的人物の伝記、古代文明など

数%

約1割

約1割

約3割

約2割

約3割

科学関連
　ロボットなど先端技術、新型燃料、
　実験の結果など

社会問題関連
　環境問題、貧困問題、交通問題など

◎質問パターンは「発見内容」が最も多い！

　最も多いのは「発見内容」で、客観的な事実が問われる問題です。次に「意見・コメント・告知」、「原因・結果」と続きます。

リスニング・パッセージ型問題質問パターン

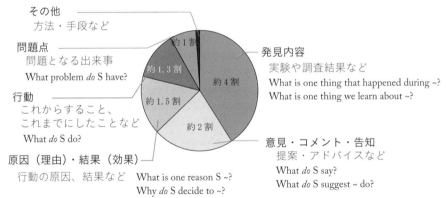

その他
　方法・手段など

問題点
　問題となる出来事
　What problem *do* S have?

行動
　これからすること、
　これまでにしたことなど
　What *do* S do?

原因（理由）・結果（効果）
　行動の原因、結果など

約1割

約1.3割

約1.5割

約4割

約2割

発見内容
　実験や調査結果など
　What is one thing that happened during ~?
　What is one thing we learn about ~?

意見・コメント・告知
　提案・アドバイスなど
　What *do* S say?
　What *do* S suggest ~ do?

What is one reason S ~?
Why *do* S decide to ~?

6日目

リスニング②パッセージ型・リアルライフ型

▶▶▶ パッセージ型リスニング　必須質問表現はこれだ！

①発見内容

□What is one thing that happened during ～ ?

□What is one thing we learn about ～ ?

□What happened when ～ ?

□What is true about ～ ?

□What do S show?

②意見・コメント・告知

□What is the speaker's main point?

□What is one thing the speaker says about ～ ?

「コメント (say about ～)」「信念 (believe about ～)」「考え (think of ～)」「感想 (feel about ～)」「提案 (suggest [recommend] ～)」「主張 (claim ～)」などの動詞が使われる！

③原因・結果

□Why do S decide to ～ ?　　　　　□What is one reason S ～ ?

□What is one result of ～ ?

④行動

□What do S do?　　　　　　　　　□What is one action that ～ took?

□What do S help ～ do?　　　　　　□What is one thing S did during ～ ?

⑤問題点

□What problem do S have?　　　　　□What is one problem ～ faced?

□What is one problem with ～ ?　　　□What is one issue for ～ ?

パッセージ型リスニング問題攻略法

◎ 正答パターンは「類語・言い換え型」が最も多い！

大半の正答は「類語・言い換え型」が占めます。ただし、2級に比べると「一般化・サマリー型」や「行間読み型」が増え、聞き取れさえすれば簡単に正解を選べる問題ばかりではありません。

┃リスニング・パッセージ型問題正答パターン┃

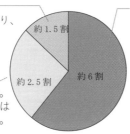

行間読み型
行間を読み取って推測したり、内容を裏返した選択肢。一般的に難易度が高くなる傾向がある。

一般化・サマリー型
複数の文をまとめた選択肢。ピンポイントの情報だけでは正解を選ぶことができない。

約1.5割

約2.5割

約6割

類語・言い換え型
類語で言い換えたり、ほとんど同じ表現で言い換えた選択肢。比較的簡単な問題になることが多いが、2級に比べるとだいぶ言い換えが難しくなっている。

▶▶▶ パッセージ型リスニング問題、攻略法はこれだ！

パッセージ型リスニング問題の攻略には、次の2つに特に注目してください。

> ① 3つの正解パターンを知る！
> ② 選択肢先読みで正解が見える！

一つめの「**3つの正解パターンを知る**」については、対話式問題や読解問題と同様に、正解パターンとして「**類語・言い換え型**」「**一般化・サマリー型**」「**行間読み型**」の3つがあり、これらで大部分の問題をカバーするため、精通しておく必要があります。

① 類語・言い換え型

パッセージ式では6割を占め、最重要！ そのパターンは無限にあります。他のタイプと複合してさらに難問を作ります。

☐ One concern is that air pollutants may be taken in and stored by the trees.
　（木々が大気中の汚染物質を取り込み蓄積する懸念がある）

正解は
こうなる → **The trees may absorb harmful substances.**

（木々が有害物質を吸収するかもしれない）

☞ **air pollutants** を **harmful substances** に、**taken in** を **absorb** に言い換えてた典型的な「類語言い換え型」！

☐ Earlier fossils with intact upper shells may one day be found.

(無傷の上部の殻を持つ、もっと前の時代の化石がいつか発見されるかもしれない)

正解は
こうなる → **There could be older fossils with complete shells.**

（完全な殻を持つもっと古い化石がある可能性もある）

☞ **earlier fossils**（もっと前の時代の化石）を **older fossils**（古い化石）に、**intact**（無傷の）を **complete**（完全な）に類語言い換えしている。

---

②一般化・サマリー型

「一般化・サマリー型」は、類語言い換え型と並んで、「パッセージリスニング問題の核」とも言えるもので、この2パターンで、問題全体の8.5割を占めています。具体的な事物を概念化しただけの比較的簡単なものから、読解問題でも十分通用するような高度なサマリー型までさまざまですが、音声を聞きながら、瞬時にして概念化・サマリーをしなければならないので、チャレンジングと言えます。

☐ They also hope to benefit more from the island's gas and oil.

（彼らは、その島のガスや石油からもっと利益を上げたいとも思っている）

正解は
こうなる → **To take greater advantage of the island's natural resources.**

（その島の天然資源をさらに活用する）

☞ **gas and oil** を **natural resources** と「一般化」しており、**benefit** は **take greater advantage of** で「言い換え」た複合型。

☐ But those people are more likely to become angry and irritable, starting more conflicts with others.

（人々は怒り、いら立ちやすく、他人と衝突を起こしてしまう）

→ **They display greater aggression toward people.**

（彼らはもっと他人に敵意を表す）

⟡ **become angry and irritable**（いら立ちやすくなる）と **start more conflicts with others**（他者との衝突をもっと起こす）を要約すると、**display greater aggression**（より敵意を見せる）となる。典型的なサマリー型。

□ They may identify areas where crops like coffee, nuts, tropical fruits, and berries would thrive.（彼らはコーヒーやナッツ、トロピカルフルーツやベリーのような作物が育つ地域を割り出すかもしれない）

 → **To find good sites for agriculture.**

（農業に良い場所を見つける）

⟡ **areas where crops like coffee, nuts, tropical fruits, and berries would thrive**（コーヒーやナッツ、トロピカルフルーツやベリーのような作物が育つ地域）は **good sites for agriculture** と「概念化」し、**identify** を **find** と「言い換え」ている複合型！

③ 行間読み型

「行間読み型」には難問タイプが多く、大学入試のセンター試験の英文読解問題レベルをリスニングさせるような問題を多く含んでいます。高度な内容を聞きながら瞬時に判断しなければならないので、最もチャレンジングな問題と言えます。

□ Over half the crew remained loyal during the mutiny.

（半分以上の乗組員が反乱の間には忠実だった）

 → **He had the support of the majority of his crew.**

（彼には乗組員の大部分のサポートがあった。）

⟡「反乱 (**the mutiny**) 時、乗組員の半分以上が忠実だった (**remained loyal**)」の行間を読むと「乗組員の大部分（**the majority of his crew**) からのサポートを得た」となる。

☐ The new regulation also makes an economic burden on the company.

（その新しい規制はその会社に経済的な負担を与えている）

 → **The cost of getting endorsement is very high.**

（認可を取る費用は極めて高い）

☞ 「新規制により経済負担が会社に及ぶ」という部分の行間を読むと、「新規制のもとで認可 (**endorsement**) を取得する費用は高い」となる。

いかがでしたか？ では次に、2 つめの「**選択肢先読みで正解が見える！**」です。Part 2 リスニング問題のパッセージは長くて話が込み入っており、1 回パッセージを聴いただけでは答えがわかりにくいことが多々あります。そこで、放送が流れるより前に、選択肢を先読みし、質問を予測し、解答を絞り込むテクニックが大いに役立ちます。ここでは、選択肢を見て、共通項目を探し、どんな質問が問われるのか予測するトレーニングをしてみましょう！

《 選択肢から問題予測 》 トレーニングに チャレンジ！

次の選択肢を読んで、共通事項は何か考え、問題と解答を予測してみましょう！

問題 **1**

1. He suffered from serious health problems.
2. He did not attempt to resist the change.
3. He was the victim of a negative campaign.
4. He was falsely accused by everyone.

解説 共通事項は、1（**He suffered from** serious health problems.）と 3（**He was the victim of** a negative campaign.）から、「災難」であるとわかります。よって、質問は、「どうして災難にあったのか」というような内容が来ると予測をつけましょう。

問題 2

1. He had the support of the majority of his colleagues.
2. He was aware of his own weaknesses.
3. He gained permission from his friends.
4. He was defended by his relatives.

解説 共通事項は、1（**He had the support of** the majority of his colleagues.）と 4（**He was defended by** his relatives.）から「支持」であることがわかります。そこで、質問文は「何に支持されたか」と予測をつけ、2 と 3 は関係がないことがわかり、解答もおのずと絞ることができます。

問題 3

1. They cause obesity problems.
2. They are not yet widely accepted.
3. They lack key nutrients.
4. They do not provide enough carbohydrates.

解説 トピックは「ペットフード」なのですが、2 が全く他の選択肢との関連性がなく、1（They **cause obesity problems**.）と 3（**They lack key nutrients**.［栄養素］）と 4（**They do not provide enough carbohydrates**.［炭水化物］）の共通事項は、「食べ物関連の健康上の問題」であることがわかります。さらにもっと関連しているのは 3 と 4 の「足りないもの」で、正解を絞ることができます。

問題 4

1. Their products contain vitamin supplements.
2. Their products are safer than meat-based pet food.
3. Independent studies support their products.
4. Labeling requirements are stricter for their products.

解説 共通項目は、1（**Their products contain vitamin supplements.**）と 2（**Their products are safer than meat-based pet food**.）から、「製品のメリット」で、他の選択肢は関連性がありません。よって、製品の利点に注目してパッセージを聞くことができます。

リスニング②パッセージ型・リアルライフ型

問題 5

1. It is usually unrelated to sleep deprivation.

2. It is generally caused by hormonal changes.

3. It is sometimes linked to other illnesses.

4. It is partly the result of social pressure.

解説 トピックは「子育ての危険」で、1. **is usually unrelated to** 〜, 2. **is generally caused by** 〜, 3. **is sometimes linked to** 〜, 4. **is partly the result of** 〜の選択肢はすべて「因果関係」に関するもので、ありうると思うかもしれませんが、1 は否定なので省き、3 よりも it の「原因」を表す 2 と 4 に絞ることができます。

問題 6

1. They show their feelings less.

2. They display greater aggression toward other people.

3. They become more dependent on their family.

4. They avoid interactions outside the home.

解説 まず 1（They **show** their feelings less.）と 2（They display greater aggression toward other people.）と 3（They become more dependent on their family.）の共通事項は「心的態度」で、4 は「比較級」もなく関連性がないことがわかりますが、さらに 1 と 2 は、show と display で「表すもの」が加わり、しかも感情の「コントラスト」にもなっており、正解である度合いが濃厚になってきます。

いかがでしたか。

正解の選択肢を選ぶためには、問題演習と復習を繰り返して問題として問われそうな箇所を予測できるようにすることも大切です。このように、問題パターンを体得することで、停滞していた点数をさらに伸ばすことができます。

それでは、さっそく問題演習を通じて攻略法と問題のパターンを押さえていきましょう。まずは、例題にチャレンジしてみてください。

パッセージ型リスニング問題はこれだ！

No. 1

1 It destroys places for sea creatures to live.

2 It helps the lives of the local people.

3 It causes global temperatures to increase.

4 It attracts sea creatures from other countries.

No. 2

1 Tourists have thrown away a lot of garbage.

2 Fish from abroad have brought diseases.

3 Local people have picked up and sold the coral.

4 The sea has become warmer than before.

いかがでしたか？　ではスクリプトと攻略法をご覧いただきましょう。

☆ (A) The Great Barrier Reef

The Great Barrier Reef is the world's largest coral reef which is situated off the coast of Australia. A variety of rare sea creatures live there and some of them are endangered species. The Great Barrier Reef also supports the local economy by attracting a lot of tourists. Each year, about two million tourists visit the area and many of them join boat tours and enjoy the beautiful coral reef.

However, people worry that more than half of the coral reef has been lost since 1985. One reason is that ocean temperatures have risen greatly in recent years. When ocean temperatures rise, corals are more likely to become diseased and die. As a result, a lot of sea creatures living there now have nowhere to live and have moved elsewhere. The Australian government is trying to restore the size of the coral by 2050.

Questions:

No. **1** What is one effect of the Great Barrier Reef?

No. **2** Why has the coral reef become smaller?

Point　選択肢の主語が同じ問題

選択肢の主語が同じ問題は、"What is one ～ ？" などピンポイントで情報を答える問題の可能性が高い！主語が何を指すのかを考えながら聞くと答えを見つけやすくなる！

☞ 前半部分で、テーマ（本問ではグレートバリアリーフ）をつかみ、問題で問わ
れそうな部分を覚えながら聞く。本問のように**主語が確定している場合、単数・複数、
人称を押さえておく**。

☞ 選択肢から主語は It なので、**単数名詞 (The Great Barrier Reef) が主語に
なっている第 3 文に注目**。「地元の経済を助けている」という部分を「地元住民の
生活を支えている」と言い換えた **2** が正解だと判断する。 類語・言い換え型

Point　理由タイプの問題

Why や What is one reason ～という質問文も定番です。音声を聞きながら、原因・理由と結果に注目することが大切！ ただし，いつも Because などわかりやすいキーワードがあるとは限らないので要注意！

☞理由を問われているかどうかはリスニングが終わるまでわからないが、理由を明示する **2 文目の One reason is that ～に注目**する。

☞「海の温度が上昇した」という部分を言い換えた **4 が正解**だと判断する。

类語・言い換え型

訳　　　　　　　　　　グレートバリアリーフ

グレートバリアリーフは世界最大のサンゴ礁で、オーストラリアの海岸沖に位置しています。そこにはさまざまな海洋生物が生息しており、そのうちの一部は絶滅危惧種です。グレートバリアリーフはまた、多くの観光客を引き寄せることで、地元経済を支えています。毎年、およそ 200 万人の観光客がその地域を訪れ、そのうちの多くはボートツアーに参加し、美しいサンゴ礁を楽しみます。

しかし、1985 年から、半数以上のサンゴ礁が失われていることが懸念されています。理由の 1 つとして、海水の温度が近年急上昇していることが挙げられます。海水温度が上がると、サンゴは病気にかかり、死滅しやすくなります。その結果、多くの海洋生物が生息地を失ってしまい、別の場所へ移動してしまいました。オーストラリア政府は 2050 年までにサンゴの数を回復させようとしています。

質問）No. 1 グレートバリアリーフが持つ影響の一つは何ですか。

选択肢の訳 **1** 海洋生物の生息地を破壊する。
　　　　　2 地元の人々の生活を手助けする。
　　　　　3 世界の気温上昇を引き起こす。
　　　　　4 他国から海洋生物を引きつける。

質問）No. 2 なぜサンゴ礁が小さくなってきているのですか。

选択肢の訳 **1** 旅行者が多くのゴミを捨ててきた。
　　　　　2 外国からの魚が病気をもたらした。
　　　　　3 地元の人々がサンゴを収集し、売った。
　　　　　4 以前よりも海が温かくなってきた。

パッセージ型リスニング模擬問題にチャレンジ！

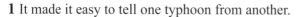

(A)

No. **1**

1 It made it easy to tell one typhoon from another.

2 A politician made a practice of naming typhoons.

3 The true reason is still unknown.

4 The number of typhoons increased.

No. **2**

1 The first typhoon's name should start with A.

2 The typhoons' names should be short and common.

3 Both male and female names should be used for typhoons.

4 More women should be members of the special committee.

(B)

No. **3**

1 Workers belong to different companies.

2 It costs too much to work at a shared office.

3 Working at a shared office is not as popular as it was.

4 Many workers cannot work effectively at a shared office.

No. **4**

1 Learn how to use a computer from a programmer.

2 Receive a coupon for becoming long-term users.

3 Promote a spirit of volunteerism by helping others.

4 Exchange their skills and knowledge.

(C)

Track 16

No. **5**

1 Bees are getting ready to attack them.

2 Bad news will come soon.

3 Someone will drop by their houses.

4 They will bring about creativity.

No. **6**

1 Feed them to get honey.

2 Ask them to come to their family events.

3 Teach them English.

4 Make a house for them.

(D)

Track 17

No. **7**

1 Everyone wakes up several times during the night.

2 It can make people sleepy during the daytime.

3 It may prevent people from sleeping at night.

4 It is healthier than sleeping continuously through the night.

No. **8**

1 People should wake up several times a night.

2 An eight-hour sleep is too long.

3 Light exercise is good for sleeping well.

4 People in the past slept twice a night.

6日目

リスニング②パッセージ型・リアルライフ型

(E)

No. **9**

1 There is a risk of food poisoning.

2 Eating many eggs increases the risk of diseases.

3 Eggs do not contain so many vitamins.

4 The number of eggs decreased sharply.

No. **10**

1 It gives people more benefits than risks.

2 It reduces cholesterol in the blood.

3 It promotes weight loss.

4 It helps to digest vitamins and proteins.

(F)

No. **11**

1 She made computers much smaller and faster.

2 She created a new scientific theory.

3 She became the first female computer scientist.

4 She helped more women to become scientists.

No. **12**

1 Ms. Hopper made a programming mistake.

2 The computer system was too old to work.

3 An insect had caused a problem in the computer system.

4 The cause of the trouble has not been found yet.

パッセージ型リスニング模擬問題解答・解説

🔊スクリプト　　　★ (A) The naming of a typhoon

It is commonly known that typhoons have their own names. This practice originated in the 1890s, when an Australian astronomer started naming storms after women, ancient gods, or some politicians, and it became official in 1945. Soon, this practice became very popular because **naming a typhoon was very convenient when two or more typhoons happened at the same time.**

At first, only female names were used for typhoons. However, f**emale rights groups insisted that using only female names discriminated against women. As a result, male names began to be used in 1979.** Every year, a special committee makes a list of typhoon names. The names must be short and common so that people can easily remember them. Also, the first typhoon's name starts with "A," such as Alberto, and the second one starts with "B," such as Beryl, and so on.

Questions:

No. **1** Why did naming typhoons become popular?

No. **2** What did female rights groups insist?

訳　　　　　　　　台風の名づけ

台風に名前がついていることは一般的に知られています。1890 年代、オーストラリア人の天文学者が女性や古代の神々、政治家にちなんで台風に名前をつけ始めたときにこの慣習は始まり、1945 年に公式に採用されました。この慣習はすぐに、とても人気になりました。なぜなら、2 つ以上の台風が同時に発生したときに、台風に名前をつけることは便利だったからです。

当初、女性の名前だけが台風に使われていました。しかし、女性の権利団体が女性の名前だけを使うのは女性に対する差別だと主張しました。その結果、1979 年に男性の名前が使われ始めました。毎年、特別委員会が台風の名前のリストを作成します。その名前は簡単に覚えられるように短くて一般的なものでなければなりません。また、最初の台風の名前はアルバートのように A で始まり、2 番目のものはベリルのように B で始まります。

質問）No. 1 なぜ、台風に名前をつけることが人気になったのですか。

選択肢の訳 **1** 台風を見分けるのを簡単にした。

2 政治家が台風に名前をつけるという慣習を作った。

3 本当の理由はまだ知られていない。

4 台風の数が増加した。

質問）No. 2 女性の権利団体は何を主張しましたか。

選択肢の訳 **1** 最初の台風の名前は A で始まるべきである。

2 台風の名前は短く、一般的なものであるべきである。

3 男女両方の名前が台風に使われるべきである。

4 より多くの女性が特別委員会の一員になるべきである。

No. 1 解答 **1** It made it easy to tell one typhoon from another.

☞ 第 1 段落最終文に「2 つ以上の台風が同時に発生したときに、台風に名前をつけることは便利だった」とあり、この部分を「見分けるのを簡単にした」と言い換えた **1 が正解**。準 1 級レベルでは、このような**別の動詞を用いた言い換えが多い**ので、注意すること。 類語・言い換え型

No. 2 解答 **3** Both male and female names should be used for typhoons.

☞ 第 2 段落 2 文目の「女性の権利団体が女性の名前だけを使うのは女性に対する差別だと主張した」と、次の文の「男性の名前も使われるようになった」という部分を合わせると、女性の権利団体は男女両方の名前を使うように主張したと考えられるので、**3 が正解**だと判断する。このように**簡単な推測**を必要とする問題が出題されることがあるので注意が必要。1 や 2 に関しては、後半に言及があるが、女性の権利団体が主張した内容ではないので、誤り。 サマリー・一般型

言い換え表現に要注意！

準 1 級レベルの問題はリスニングも言い換え表現が出題される！聞こえた表現だけに気を取られないように！

スクリプト　　☆ (B) A shared office

Nowadays, more and more people work in a shared office. In a shared office, **workers are not employed by the same company and they work independently.** This style of working has become popular with an increasing number of freelancers. In the past, they had to rent offices and pay a lot of money for them. Working at home was another option, but it was difficult to concentrate on work when at home. A shared office solved these problems.

Working at a shared office has another benefit. People often create a community within a shared office. By doing so, **workers can help each other and improve each other's skills and knowledge.** For example, a computer programmer might help somebody else to finish a project more quickly. Over the past decade, the number of shared offices has increased by more than 50% and it is expected to increase further in the future.

Questions:
No. **3** What is one characteristic of a shared office?
No. **4** What is one thing workers at a shared office can do?

訳　　　　　　　　　　共有オフィス

最近、ますます多くの人々が共有オフィスで働いています。そこでは、労働者が同じ会社に雇われているわけではなく、独立して働いています。フリーランスで働く人の数が増加するにつれ、この働き方の人気が高まってきています。以前は、フリーランスの労働者はオフィスを借りるのに大金を払わなければなりませんでした。自宅で働くというのも選択肢の一つでしたが、家では仕事に集中するのが困難でした。共有オフィスはこれらの問題を解決したのです。

共有オフィスには別の利点もあります。人々はしばしば共有オフィス内で共同体を作ります。そうすることによって、労働者はお互いに助け合い、技術や知識を高めることができます。例えば、コンピュータプログラマーはほかの人がプロジェクトを早く終わらせる手伝いをするかもしれません。ここ 10 年で、共有オフィスの数は 50% 以上増加しており、将来的にさらに増加することが予想されています。

質問）No. 3 共有オフィスの特徴の一つは何ですか。

選択肢の訳 **1** 労働者は異なる会社に属している。

2 共有オフィスで働くことはコストがかかり過ぎる。

3 共有オフィスで働くことは以前ほど人気ではない。

4 多くの労働者は共有オフィスでは効率よく仕事ができない。

質問）No. 4 共有オフィスの労働者ができることの一つは何ですか。

選択肢の訳 **1** プログラマーからコンピュータの使い方を学ぶ。

2 長期利用者になることでクーポンを受け取る。

3 他者を助けることでボランティア精神を高める。

4 技術や知識を交換する。

....

No. 3 解答 **1** Workers belong to different companies.

☞第 1 段落 2 文目に「労働者が同じ会社に雇われているわけではなく、独立して働く」とあるので、**1 が正解**。**be employed** を **belong to** と書き換えられている点に注意。 類語・言い換え型

No. 4 解答 **4** Exchange their skills and knowledge.

☞第 2 段落 3 文目の **By doing so** がポイント。その後ろに「労働者はお互いに助け合い、技術や知識を高めることができる」とあるので、**4 が正解**。 行間読み型

因果を結ぶ表現に注目！

本問の場合は **By doing so** が結果を導く表現となっている。このような話題の切り替え後は問題になりやすい！

....

🔊 スクリプト ★ (C) Insects related to luck

Some insects are associated with good luck or bad luck depending on the region. Bees are often considered as productive because they work hard all the time and help people by making honey. In Britain, there are several beliefs about bees. **If a bee flies around your house, it shows that a visitor will come soon.** However, if a bee is killed, it means that a visitor will bring bad news.

Bees are often believed to be so sensitive that British people think they must speak politely to bees. It is especially important when a member of your family dies. If you don't tell the news to the bees around your home politely, they will move away from your home or die. **In some areas, people think of bees around their houses as part of their family and sometimes invite them to their wedding ceremonies** and give them a piece of wedding cake.

Questions:

No. **5** What do some British people believe about bees moving through the air around their houses?

No. **6** What is one thing some British people do for bees?

訳　　　　　　　　　幸運に関連する昆虫

一部の昆虫は地域によって幸運や悪運と結びつけられます。ハチはいつも懸命に働き、ハチミツを作ることによって人々を手助けするので、よく生産性があると考えられます。イギリスにはハチについて信じられていることがあります。もし、ハチが家の周りを飛んでいたら、それは訪問者が近々来ることを表します。しかし、もしハチが殺されたら、訪問者から悪い知らせがあることを意味するのです。

ハチは、しばしばとても繊細であると信じられているので、イギリス人はハチに対して丁寧に話さなければならないと考えています。特に、家族の一員が亡くなったときは重要です。家の周りにいるハチに丁寧にこの知らせを伝えないと、ハチは家から離れてしまったり、あるいは死んでしまったりするのです。一部の地域では、家の周りにいるハチのことを家族の一員と見なし、結婚式に招待してウェディングケーキの一切れをあげることがあります。

質問）No. 5 一部のイギリス人は家の周りを飛んでいるハチについて何を信じていますか。

選択肢の訳 **1** ハチは彼らを攻撃する準備ができている。

2 すぐに悪い知らせが来る。

3 誰かが彼らの家を訪問する。

4 創造性をもたらす。

質問）No. 6 一部のイギリス人がハチに対してしていることの一つは何ですか。

選択肢の訳 **1** ハチミツを手に入れるためにハチを餌づけする。

2 ハチを家族の行事に招待する。

3 ハチに英語を教える。

4 ハチのために家を作る。

．．

No. 5 解答 **3** Someone will drop by their houses.

👉第1段落3文目に「イギリスにはハチについて信じられていることがある」とあり、4文目に「もし、ハチが家の周りを飛んでいたら、それは訪問者が近々来ることを表す」とあることから、**3が正解**。2は、第1段落最終文に、ハチが殺されたときに起こると信じられている内容だとあるので、誤り。 類語・言い換え型

No. 6 解答 **2** Ask them to come to their family events.

👉第2段落最終文に「一部の地域では、家にいるハチのことを家族の一員と見なし、結婚式に招待する」とある。「結婚式」を「家族の行事」と**言い換えた2が正解**。 類語・言い換え型

抽象・概念化の表現に要注意！

パッセージ中の表現を抽象的な表現で言い換えるのは、よく使われる英検の常套手段！

⊂⊃► 🎤スクリプト ☆ (D) Sleeping Problems

Sleeping problems are so common in modern times. Because of daily stress, many people have difficulty falling asleep. In addition, there is another type of sleeping problem. Quite a few people wake up several times during the night. Many of them think this is not a serious problem if they can go to sleep again soon. However, these people do not feel refreshed when they wake up. Moreover, **they feel sleepy during the daytime or their sleeping patterns become irregular.** As a result, they are more likely to get sick.

Most people believe that eight hours of continuous sleep at night is important, but some experts say this is not necessarily true. According to Roger Ekirch, a historian at Virginia Tech, **people used to take a three-hour sleep, wake up for an hour, and take another three-hour sleep.** If that is the case, waking up during the night may not be a serious problem.

Questions:

No. **7** What is true about waking up during the night?

No. **8** What is one thing Roger Ekirch says?

訳

睡眠の問題

睡眠の問題は、現代では非常に一般的です。日常的なストレスのために、多くの人は眠りにつくのに苦労しています。これに加え、別の睡眠に関する問題もあります。かなり多くの人が夜の間に何度か目を覚ましてしまうのです。再びすぐに寝ることができれば、このことは深刻な問題ではないと思っている人が多いのですが、こうした人は起きたときに爽快な気分になりません。さらに、日中眠くなったり、睡眠パターンが不規則になったりします。その結果、より病気にかかりやすくなるのです。

ほとんどの人は夜に8時間連続して寝ることが重要だと信じていますが、一部の専門家が言うには、これは必ずしも正しくありません。バージニア工科大学の歴史学者ロジャー・イーカーチ氏によると、人々はかつて3時間睡眠を取り、1時間起き、そしてまた3時間寝ていたのです。もしそうだとすれば、夜間に目覚めることは深刻な問題ではないのかもしれません。

6
日目

リスニング②パッセージ型・リアルライフ型

質問）No. 7 夜間に目覚めることについて正しいものはどれですか。

選択肢の訳 **1** 全ての人が夜間に何度か目を覚ます。

2 日中に眠気を起こさせる可能性がある。

3 人々が夜間に眠るのを妨げるかもしれない。

4 夜通し寝るよりも健康的である。

質問）No. 8 ロジャー・イーカーチ氏が述べていることの一つは何ですか。

選択肢の訳 **1** 人々は夜間に数回目覚めるべきである。

2 8時間睡眠は長すぎる。

3 軽い運動がよく眠るのに役立つ。

4 昔の人は夜間に2回寝ていた。

....

No. 7 解答 **2** It can make people sleepy during the daytime.

☞第1段落の最後から2文目に「日中眠くなったり、睡眠パターンが不規則になる」とあるので、**2 が正解**。1は、第1段落4文目に **Quite a few**「かなり多くの人」が夜間に目覚めてしまうとあるものの、全員に当てはまることではないので、誤り。また、3は第1段落2文目に多くの人が夜に眠りにつくのに苦労しているとあるが、設問の「夜間に目覚めること」とは関連していないため、誤り。実際リスニング中で聞こえたとしても、**設問と関係ない内容であれば、不正解となるので、注意が必要**。 類語・言い換え型

No. 8 解答 **4** People in the past slept twice a night.

☞ロジャー・イーカーチ氏が出てくる第2段落2文目に注目する。すると、「人々はかつて3時間睡眠を取り、1時間起き、そしてまた3時間寝ていた」とあるので、これを「夜間に2回寝ていた」と言い換えた **4 が正解**。1は、昔の人がとっていた行動だとロジャー・イーカーチ氏が述べているだけで、これを勧めているという記述はないため、誤り。 類語・言い換え型

ダミーの選択肢に要注意！

パッセージ中に出てくるが設問と関係ない選択肢はうっかりと選んでしまいがち。十分に注意せよ！

★ (E) Healthy Food

The health status of food sometimes changes over time. For example, people have eaten eggs for more than 1000 years, believing that they were one of the healthiest foods. However, in the late 20th century, health experts warned that **eating many eggs raised cholesterol levels. They said that eating two eggs or more a day should be avoided because it could increase the risk of serious disease.**

These days, experts are less concerned about eating eggs. This is because some studies have shown that eating eggs is actually not associated with a risk of disease. It is true that eating too many eggs is not good for the health and eggs contain high cholesterol. However, a study found that taking cholesterol does not increase blood cholesterol much. Rather, most experts point out the health benefits of eggs. Eggs are cheap, and a rich source of vitamins, minerals and proteins.

Questions:

No. **9** What is one reason experts warned against eating eggs?

No. **10** Why are experts less concerned than before about eating eggs?

訳　　　　　　　　　　　　健康的な食品

健康的な食品の地位は、時とともに変化することがあります。例えば人々は1000年以上もの間、卵を最も健康的な食品の一つだと信じてたくさん食べてきました。しかし、20世紀後半になると、健康の専門家が卵を食べることはコレステロール値を上昇させると警告しました。彼らが言うには、深刻な病気のリスクが上昇するため、卵を1日に2個以上食べるのは避けるべきなのです。

最近、専門家たちは卵を食べることに関して以前ほど懸念を示さなくなってきています。それは、卵を食べることは実際には病気のリスクと関連していないということを一部の研究が示したためです。あまりに多くの卵を食べるのは健康上良くありませんし、卵は高いコレステロールを含んでいます。しかし、ある研究ではコレステロールを摂取しても血液中のコレステロールはあまり上昇しないことを示しました。むしろ、大半の研究者が指摘するのは、卵の健康上のメリットです。卵は安くて豊富なビタミン、ミネラル、タンパク質の源なのです。

質問）No. **9** 専門家が卵を食べることについて警告した理由の一つは何ですか。

選択肢の訳 **1** 食中毒のリスクがある。

2 多くの卵を食べることは病気になるリスクを高める。

3 卵にはあまり多くのビタミンが含まれていない。

4 卵の数が急速に減少した。

質問）No. **10** なぜ専門家は卵を食べることについて以前ほど心配していないのですか。

選択肢の訳 **1** リスクよりもメリットが上回る。

2 血液中のコレステロールを減らす。

3 体重減少を促進する。

4 ビタミンとタンパク質の消化を手助けする。

No. **9** 解答 **2** Eating many eggs increases the risk of diseases.

☞ 設問が「警告」に関する内容なので、第 1 段落 3 文目に注目する。すると、「卵を食べることはコレステロール値を上昇させると警告した」とあり、次の文に「深刻な病気のリスクが上昇するため、卵を 1 日に 2 個以上食べるのは避けるべき」とあるため、**2 が正解**だとわかる。 サマリー・一般型

No. **10** 解答 **1** It gives people more benefits than risks.

☞ 卵を食べることについて専門家があまり心配しなくなったということは、第 2 段落 1 文目にある。次の 2 文目に「卵を食べることは実際には病気のリスクと関連していないということを一部の研究が示した」とあるので、**1 が正解**。2 は、**細かい部分まで正確に聞き取らないと選びがちな選択肢**。第 2 段落 4 文目に「コレステロールを摂取しても血液中のコレステロールはあまり上昇しない」とあるが、減らすわけではないので、誤り。 類語・言い換え型

注意・警告を示す表現に要注意！

パッセージ中で注意や警告を表していたら集中して聞くこと！

When a computer does not work properly, we often call it "a bug," a term which began to be widely used for a computer problem because of a woman named Grace Murray Hopper. She was a computer scientist who developed a type of computer called the Harvard Mark I. In those days, few women learned math and science, but **she worked very hard and helped to increase the number of female scientists.**

One day, when Ms. Hopper was developing the Mark II Computer at Harvard University, she noticed that **the computer was not working normally. Surprisingly, after the computer had been checked, it turned out that a moth was blocking the system**. She recorded this incident and she liked using words such as "a computer bug," or "debug." Since then, these words have become common computer vocabulary.

Questions:

No. **11** What is one thing we learn about Ms. Hopper's achievement?

No. **12** Why was the Mark II Computer not working normally?

訳

コンピュータバグ

コンピュータが正常に動かない時、しばしば「バグ」と呼びますが、その用語はグレース・マレー・ホッパーという名の女性のためにコンピュータの問題として広く使われるようになりました。彼女はハーバード・マークⅠと呼ばれるコンピュータを開発したコンピュータ科学者でした。当時、数学や科学を学んでいた女性はほとんどいませんでしたが、彼女は懸命に努力し、女性の科学者の数を増やす手助けをしました。

ある日、ホッパー氏がマークⅡのコンピュータをハーバード大学で開発していた時、彼女はコンピュータが正常に動いていないことに気づきました。驚いたことに、コンピュータを確認してみると、1匹の蛾がシステムを妨げていたことがわかりました。彼女はこの出来事を記録し、「コンピュータバグ」や「デバッグ」といった言葉を使うことを好みました。その時以来、これらの言葉は一般的なコンピュータ言語になりました。

質問）No. **11** ホッパー氏の達成したことについてわかることの一つは何ですか。

選択肢の訳 **1** コンピュータをずっと小さく、速くさせた。

2 新しい科学理論を作った。

3 最初の女性コンピュータ科学者になった。

4 より多くの女性が科学者になる手助けをした。

質問）No. **12** なぜマークⅡコンピュータは正常に動いていなかったのですか。

選択肢の訳 **1** ホッパー氏がプログラムのミスをした。

2 コンピュータシステムが古すぎて動かなかった。

3 虫がコンピュータシステム内に問題を引き起こした。

4 問題の原因はいまだにわかっていない。

....

No. **11** 解答 **4** She helped more women to become scientists.

☞ホッパー氏の業績について述べられている第1段落中盤以降に注目する。すると、第1段落最終文に「彼女は懸命に努力し、女性の科学者の数を増やす手助けをした」とあるので、**4** が正解。 類語・言い換え型

No. **12** 解答 **3** An insect had caused a problem in the computer system.

☞第2段落1文目に「マークⅡコンピュータが正常に動いていなかった」とあり、次の文に「1匹の蛾がシステムを妨げていた」とあるので、「蛾」を「虫」と言い換えた **3** が正解。 サマリー・一般型

達成・功績に要注意！

どんなことを達成したのか、また何が原因で達成できたのかに注目すること！

▶▶▶ リスニング問題必須「教育」語彙をマスター！

☐ an acceptance letter　　　　合格通知（admission criterion は「入学基準」）

☐ alma mater　　　　　　　　　　　　　　　　　　　　　母校

☐ a board of education　　　　　　　　　　　　　　教育委員会

☐ a class reunion / alumni association　　　　　　　　同窓会

☐ college tuition　　　　大学の授業料（a registration fee は「入学金」）

☐ commencement [a graduation ceremony]　　　　　卒業式

☐ compulsory education　　義務教育（secondary education は「中等教育」）

☐ a corporal punishment　　　　　　　　　　　　　　体罰

☐ a correspondence course / distance learning　　　通信教育

☐ a crash program　　　特訓コース（an examination ordeal は「受験地獄」）

☐ curator　　　　　　　　　　　　　　　　　　　　　館長

☐ cyber [online]-bullying　　　　　　　　ネット上のいじめ

☐ dean　　　　　　　　　学部長（registrar は「教務係」）

☐ juvenile delinquency　　　　　　　　　　青少年の非行

☐ a faculty member　　　　　　　　　　　　　教職員

☐ a literacy rate　　　　識字率 ⇔ an illiteracy rate　　非識字率

☐ a nursery school　　　　　　　　　　　　　　保育園

☐ an official language　　　　　　　　　　　　公用語

☐ a placement test　　　　　　　　　　組み分けテスト

☐ a prestigious [prestige] university　　　　　　名門大学

☐ an undergraduate (student)　学部学生（a graduate student は「大学院生」）

☐ required courses　　　必修科目（elective courses は「選択科目」）

☐ a school diploma　　　　　　　　　　　　卒業証書

☐ a vocational school　　　　　　　　　　職業訓練学校

▶▶▶ リスニング問題対策必須「スペースサイエンス」語彙をマスター！

☐ asteroid　　　　　　小惑星（the asteroid belt は「小惑星帯」）

☐ a celestial body　　　　　天体（constellation は「星座」）

☐ extraterrestrial　　　地球外生物、宇宙人（E. T. はこの略語）

☐ lift-off　　　　　　　　　　ロケットの打ち上げ（splashdown は「着水」）

☐ the solar system　太陽系（Neptune 《海王星》、Uranus 《天王星》、Saturn 《土星》、Jupiter 《木星》、Mars 《火星》、Earth 《地球》、Venus 《金星》、Mercury 《水星》）

☐ the Milky Way / the galaxy　　　　　　　　　　銀河（系）、天の川

☐ a solar eclipse　　　　　　　日食（a lunar eclipse は「月食」）

☐ space debris　　　　　　　　　　　　　　　　　宇宙ゴミ

☐ a space probe　　　　宇宙探査機（a lunar module は「月着陸船」）

☐ terraforming　　　テラフォーミング（惑星を人が住めるようにすること）

▶▶▶ リスニング問題対策必須「テクノロジー」語彙をマスター！

☐ biometrics　　　　バイオメトリクス（生体認証 [指紋認証、顔認証] など）

☐ electromagnetic waves　　電磁波（an electromagnetic field は「電磁場」）

☐ deep learning　ディープラーニング（脳の認知機能をモデルとした神経回路網を利用した人工知能（AI）技術）

☐ a fuel cell　　　　　　　　　　　　　　　　　燃料電池

☐ infrared rays　　　　　　　赤外線（ultraviolet rays は「紫外線」）

☐ a gravitational force　　　　　　　　　　　　　　重力

☐ a metal detector　　　　　　　　　　　　　　金属探知機

☐ nuclear fusion　核融合（軽い原子核が融合して重い原子核になる反応）

☐ superconductivity　超伝導（絶対零度近くで電気抵抗がゼロになる現象）

☐ a wired society / a network society　　　　　ネットワーク社会

commencement
[a graduation ceremony] 卒業式

リアルライフ型リスニング問題を大解剖！

　リアルライフ型リスニング問題は、2級までにはない問題形式なので、苦手とする人も多いのではないかと思います。まず、リスニング音声が流れる前に**10秒間の状況を読む時間が与えられている**ので、**この間に何をするかが大きな差を生む**ことになります。Situation(状況)に目を通し、さらにQuestion(質問)と**選択肢**にも目を通しておきましょう。10秒間は意外とあっという間に過ぎてしまうので、熟読はせずに、さっと目を通さないと間に合いません。つまり、この問題ではリスニング力だけでなく、**速読力も同時に試されている**と言えます。

　半数以上は**「次に何をするか」といった義務的行動を問う問題**なので、質問が「義務」か「それ以外」か、という観点でチェックした方が時間の無駄にならずに済みます。また、リスニングの冒頭にはガヤ（人混みの音など場面に沿った環境音）が入る問題もあるので、集中力を切らさないようにしましょう。

◎トピックは「教育」「ビジネス」に関するものが最も多い！
　トピックは実際の生活に即した内容なので、Part 1やPart 2で出題されたような科学や歴史といった学術的な内容は出題されません。ここで出題されるのは、教育やビジネス現場、ショッピングなどといった**実際の生活で起こりそうな状況**です。客のクレームや過剰請求といったトラブルに巻き込まれた場面も多く出題されます。

リスニング・リアルライフ型問題出題トピック

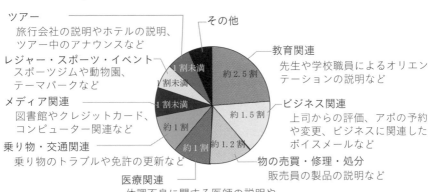

ツアー
旅行会社の説明やホテルの説明、ツアー中のアナウンスなど

レジャー・スポーツ・イベント
スポーツジムや動物園、テーマパークなど

メディア関連
図書館やクレジットカード、コンピューター関連など

乗り物・交通関連
乗り物のトラブルや免許の更新など

医療関連
体調不良に関する医師の説明や、病院の受付の説明、薬局での薬の受け取りなど

その他

教育関連
先生や学校職員によるオリエンテーションの説明など

ビジネス関連
上司からの評価、アポの予約や変更、ビジネスに関連したボイスメールなど

物の売買・修理・処分
販売員の製品の説明など

約2.5割
約1.5割
約1.2割
約1割
約1割
1割未満
1割未満
1割未満

リアルライフ型リスニング問題攻略法

◎ 質問パターンは「義務」が最も多い！

Part 3 の質問パターンはあまりバリエーションがなく、**半数以上は「義務」(《一番に》すべきこと　など)**が占めます。したがって、音声が流れる前に状況を先読みする時には質問が**「義務」に該当するかどうかを真っ先に確認**するようにしましょう。その際に、カギとなるキーワードをチェックすると素早く判断することができます。その他、「(一番に) 選択すること (ベストのもの)」、「場所 (行くべき所)」なども重要です。以下の必須質問表現を頭に入れておき、リアルライフ型リスニング問題に強くなりましょう！

┃ リスニング・リアルライフ型問題質問パターン ┃

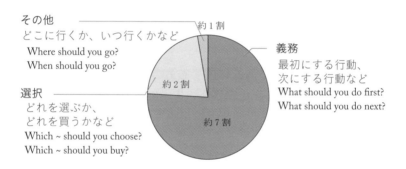

その他
どこに行くか、いつ行くかなど
Where should you go?
When should you go?

約 1 割

義務
最初にする行動、
次にする行動など
What should you do first?
What should you do next?

約 2 割

選択
どれを選ぶか、
どれを買うかなど
Which ~ should you choose?
Which ~ should you buy?

約 7 割

▶▶▶ リアルライフ型リスニング　必須質問表現はこれだ！

①義務

「義務として何をすべきか？」「〜をするためには何をする必要があるか？」

☐ **What should you do first［next］？**（最多!!）

☐ **What do you need to do?**

☐ **What should you do（in order）to 〜 ?**

☐ **What is one thing you should do?**

このような問題で、全体の7割を占めます。そして、その中でも「一番に何をすべきか」を問う問題は、特に頻出！

②選択

ベストの選択を問う問題。選択の分野は、ツアーのアクティビティ、買い物、スクールのコース、映画、食事のコース、ジム会員の種類、引っ越し・留学先、レジャーの日取り、通勤経路など多岐にわたります。

☐ **Which school ［class / program / course / route / model / activity / movie］ should ［can, will］ you choose?**

☐ **Which activity（best）suits ［fits］ your schedule?**

☐ **Which tour would be the best option ［would be most appropriate / is best］ for you?**

☐ Which person's presentation should you attend?

☐ Which membership would be most economical for you?

☐ Which town should you move to? など

③場所

どこへ行くべきか、連れて行くべきか、などを問う問題。

☐ **Where should you go（next / if it rains）?**

☐ **Where should you meet your friend?**

☐ **Where should you attend a meeting?**

☐ Which gate should you go to upon arrival in ~?

☐ Which theater should you go to? など

④「提案・助言・依頼」

☐ **What does S want ［ask / tell］ you to do?**

☐ **What does S suggest that you do from now on?**

☐ **What does the speaker want you to do?** など

⑤「時（すべき時・始まる時）」を問う

☐ **When should you buy the tickets?**

☐ **When should you go to the festival?**

☐ **When does the class start today?** など

⑥「方法・手段」を問う

□ **What is the best way to buy the tickets in advance?** など

　このように実生活においては、当然ながら「何をすべきか、何を選ぶべきか」に関する話題が多く、上記①②でリアルライフリスニング問題の大部分を占めているわけです。

▶▶▶ 正答パターンは「類語・言い換え」が最も多い！

　正答パターンは「**行間読み型**」と「**類語・言い換え型**」「**サマリー・一般型**」に加えて、他のパートでは見られない正答パターンであえる「**挿入型**」や「**どんでん返し型**」「**計算型**」が見られます。

リスニング・リアルライフ型問題正答パターン

計算型
音声を聞いて複数箇所を計算して
答えを出すパターン

サマリー・一般化型
具体例を概念化したり、短く
サマリーしたりするパターンで、
ピンポイントの情報だけでは
正解を選ぶことができない

どんでん返し型
はじめに答えとは関係ない正解の
ようなことを言い、後半にそれを
言い直してひっくり返すパターン。

挿入型
長い挿入部分や紛らわしい不要な情報が
挿入されているパターン。答えの根拠と
なる部分を見失わないようにすることが大切

行間読み型
はっきりと答えが述べられて
おらず、行間を読み取って推
測したり、内容を裏返したり
する選択肢。一般的に難易度
が高くなる傾向がある

類語・言い換え型
類語で言い換えたり、ほとんど
同じ表現で言い換えたりする
選択肢。比較的簡単な問題になる
ことが多いが、2級に比べると
だいぶ言い換えが難しくなっている

数%　1割未満　1割未満　約2割　3割弱　3割強

　それぞれの正解パターンを見てみましょう。

① 行間読み型

はっきり答えが述べられておらず、imply されているか、行間を読んで文脈を理解し、正答を導かなければならない難問タイプです。正答にたどり着くために聞き取るべき該当箇所が広範囲にわたるケースが多く、集中力を切らさずに全体の流れを押さえる必要があります。

□ Situation: You want to use a computer for three hours every day.

Question: What should you do?

Computer usage is limited to one hour a day here. However, Kingstone Library on 5th Street provides unlimited access.

正解は
こうなる → **Inquire at Kingstone Library.**

☞ 「ここでは 1 時間しかコンピュータを使えないが、別の図書館 Kingstone Library では、無制限に使える (**provides unlimited access**)」という発言の**行間を読む**と、「別の図書館へ行かなければならない」となる。 行間読み型

□ Situation: You are a sales manager. Your boss is giving you a performance evaluation.

Question: What does he tell you to do?

You've been doing too much of the work by yourself without trusting your staff. You have to start relying on others to reach the target.

正解は
こうなる → **Distribute the work more evenly.**

☞ 「1 人で仕事を抱え込みすぎだ。他の人にもっと頼るように」との発言の行間を読むと、「周りに仕事を分配すればよい」となる。 行間読み型

類語で置き換えたもので、「行間読み型」と並んでリスニング問題では多いパターンです。日頃から知っている単語をリフレーズする訓練をしておくとよいでしょう。

☐ Situation: You want to buy a birthday present for your daughter.

Question: What should you do to get a discount price?

Get a 15 percent discount by booking before July 10th. This special offer is available only through our website. Visit www. gift. com for detail.

正解は
こうなる → **Make a reservation on line.**

☞ booking を reservation で「言い換え」、**This special offer is available only through our website.** を on line で「サマリー」した複合型。

③ 挿入型

長い挿入文や多くの紛らわしい情報が挿入されたために、答えがわかりにくくなったり、忘れてしまったりするものです。難問になりやすいので、リテンション力（記憶力）の重要性を感じ取っていただきましょう。

☐ Situation: You are a music lover. You want to go and listen to rock music but are busy on Saturday night.

Question: When should you go to the festival?

The rock festival kicks off Friday evening and ends with fireworks displays on Sunday night at 10. ABC will be broadcasting live all weekend from the stadium. By popular demand, everybody's favorite rock group, the Rocky Mountain will be playing on opening night and again right before the fireworks. You'll love their fantastic sound.

正解は
こうなる → Sunday night.

👉「コンサートは金曜の夜から日曜の夜まであり、日曜の夜には花火がある」という情報をリテンションしておかなければ、**opening night** と **right before the fireworks** が何曜日のことなのかわからなくなる。途中に、「スタジアムから生中継」という問題には無関係の情報を挿入することで、さらに難問になっている挿入型。

その他、解答と無関係の情報をいかにも正解らしく述べた後で、どんでん返しをして理解を妨げる「どんでん返し型」、具体例を概念化したり、短くサマリーする「サマリー・一般化型」、音声を聞いて複数個所を計算して答えを出す「計算型」などもあります。

いかがでしたか？

part1 や 2 とは一味違うリアルライフ型は正答パターンが今までにないものが含まれていることがわかったと思います。リスニング放送前の 10 秒間の時間の使い方も含め、**問題のパターンを認識して効率の良い解き方を身につけ、その方法で演習を繰り返す**ことで、正答率を伸ばしていくことができるようになります。

それでは、今度は問題練習を通して実際に攻略パターンを当てはめていきましょう。次の例題にチャレンジしてみてください。特にリアルライフ型特有の《挿入型》に慣れていただきたいと思います。

6日目 リスニング② パッセージ型・リアルライフ型

リアルライフ型リスニング問題はこれだ！

No. **1**

Situation: A travel agent is explaining the way to the history museum. You want to get there as cheaply as possible, but you do not want to get wet.

Question: How should you get to the museum?

1 By bus
2 By train
3 By taxi
4 On foot

いかがでしたか？　ではスクリプトと攻略法をご覧いただきましょう。

スクリプト

★ **You have 10 seconds to read the situation and Question No. 1.**

☆ Well, there are several ways to get to the museum. First, it' s raining outside now but if you don' t mind getting wet, you can go there on foot. If you want to go there quickly, you should take the train. That' s because the traffic is so heavy now. **If you want to get there cheaply, you should take the bus.** The bus stop is just over there, and I think they run about every ten minutes. Taking a taxi is another option. They are a bit faster than the buses. But remember, taxis will cost at least twice as much as a bus.

★ **Now mark your answer on your answer sheet.**

Point　条件が複数ある問題

Situation（状況）の部分に条件が多い問題は、音声を聞きながら消去していく。

☞Situation（状況）には、①できるだけ安く行く、②濡れたくないという複数の条件が存在する。リアルライフ問題は、**条件に反するものを消去していくと、答えが絞りやすくなる！**

☞最初に出てくる「徒歩」は濡れるので、消去する。次に電車が早く行けると出てくるが、それは条件に書かれていないので、保留。次にバスが安いと出てくるため、**1 が正解**だと判断する。最後に出てくるタクシーはバスよりも高いため、1つ目の条件に合わない。正解にいたるまでにダミー情報を挿入している。

|挿入型|

 訳

博物館に行くには、いくつかの方法があります。まず、外は今、雨が降っていますが、濡れるのが気にならなければ徒歩で行くことができます。もし早く行きたいのであれば、今は道路が混み合っているので電車で行くべきです。安く行きたいのであれば、バスに乗るべきです。バス停はあちらで、大体 10 分間隔で運行していると思います。タクシーに乗るという別の選択肢もあります。バスよりも少し速いですが、少なくともバスの 2 倍は高くつくことをご承知おきください。

状況）旅行代理店員が歴史博物館への行き方について説明している。あなたはできるだけ安く行きたいが、濡れたくない。

質問）どうやって博物館に行くべきですか。

選択肢の訳 **1** バスで。

2 電車で。

3 タクシーで。

4 徒歩で。

それでは，リアルライフ型リスニング模擬問題にまいりましょう！

リアルライフ型リスニング模擬問題にチャレンジ！

No. 1

Situation: You are in the Red Valley State Park. You want to take pictures from the top of the mountain. You hear the following announcement inside the park.

Question: What should you do first?

1 Walk to the middle of the mountain.

2 Go to the entrance.

3 Wait until the afternoon.

4 Take a bus.

No. 2

Situation: A package arrived while you were away from home and you want to pick it up at the delivery center at **3** p.m. tomorrow. You call the delivery center and hear the following.

Question: What should you do?

1 Press **1**.

2 Press **2**.

3 Press **3**.

4 Press **4**.

No. 3

Situation: You are a sales person attending a business seminar to improve your sales skills. You do not have any questions about the presentation, but you want to talk with a person you met about a sales contract.

Question: Where should you go next?

1 The Conference Room.

2 The Ballroom.

3 The Café.

4 The main entrance.

No. 4

Situation: You are attending a modern jazz dance club's trial lesson. You have two years of experience in modern jazz dancing and you can go to the club once a week now.

Question: What should you do first?

1 Watch a video.

2 Go to the second floor.

3 Go to the room next door.

4 Stay here.

No. 5

Situation: You want to rent a new and cheap copy machine. You frequently make a large volume of copies but do not make color copies. A salesperson is explaining the products' characteristics to you.

Question: Which product should you rent?

1 Vital Color Zero.

2 Black Beta Pro.

3 PG Platinum.

4 Triple Vista.

リアルライフ型リスニング問題解答・解説

🎙️ スクリプト

You have 10 seconds to read the situation and Question No. 1.

This is an announcement for hikers. Due to the thunderstorm yesterday, the hiking trail to the mountain top is temporarily closed. The road to the mountainside is open, but you can't walk to the top of the mountain from there. Recovery work is under way, but I'm afraid it'll take a few days to finish. **If you want to go to the top of the mountain, please take the ropeway. Tickets are available at the entrance.** As it is clear today, you'll be able to take beautiful pictures of the entire city from the top of the mountain.

Now mark your answer on your answer sheet.

訳 　これは、ハイカーの方々への放送です。昨日の雷雨のため、山頂へのハイキングコースが一時的に閉鎖されています。山腹への道は開かれていますが、そこから山頂まで行くことができません。復旧作業が行われていますが、残念ながら完了までに数日かかる見通しです。もし山頂まで行くことをご希望でしたら、ロープウェイをご利用ください。チケットは入口でご購入いただけます。本日は晴天のため、山頂から美しい都市の全景が撮影できるでしょう。

状況) あなたはレッドバレー州立公園にいる。あなたは山頂から写真を撮影したいと思っている。公園内で次のようなアナウンスが聞こえる。

質問) あなたはまず何をすべきか。

選択肢の訳 **1** 山腹まで歩く。
2 入口に行く。
3 午後まで待つ。
4 バスに乗る。

No.**1** 解答 **2** Go to the entrance.

山頂で写真を撮影したいという状況を見逃さないように。2文目に山頂への道が閉鎖されているとあるため、山頂に行くには5文目で述べられているロープウェイを使う必要がある。そして、次の文に入口でチケットが手に入るとあることから、「行間」を読んで、まず入口へ向かうことを選ぶ。**2 が正解**。1は3文目に山腹まで行くことはできるが、そこから頂上まで行くことができないとあるので、不正解。3は、4文目に復旧作業は数日かかるとあるので、不正解。 行間読み型

 行動の順番を確認！
行動をとる順番を頭の中でイメージすることが大切！

> ▶ 👤 スクリプト

You have 10 seconds to read the situation and Question No. 2.

Track **22**

Thank you for contacting First Package Delivery. I'm afraid today's deliveries are over. The next delivery time is tomorrow morning. If you'd like us to deliver the package between 9 a.m. and 12 p.m., please press 1. If you'd like us to deliver the package between 1 p.m. and 5 p.m., please press 2. If you'd like us to deliver the package between 7 p.m. and 10 p.m., please press 3. **If you'd like to pick up the package at our center, please press 4**. If you want to listen to the announcement again, please wait for ten seconds.

Now mark your answer on your answer sheet.

訳 First Package Delivery にご連絡いただきまして、ありがとうございます。申し訳ございませんが、本日の配送は終了いたしました。次の配送時間は明日の午前中となります。午前 9 時から午後 12 時の間に配送をご希望の方は 1 番を押してください。午後 1 時から午後 5 時の間に配送をご希望の方は 2 番を押してください。午後 7 時から午後 10 時の間に配送をご希望の方は 3 番を押してください。当センターへ受け取りに来られることをご希望の方は 4 番を押してください。もう一度アナウンスを聞きたい方は、10 秒間お待ちください。

状況）外出中に荷物が届き、明日の午後3時に配送センターへ取りに行きたいと思っている。

6日目 リスニング②パッセージ型・リアルライフ型

配送センターに電話をしたところ、次のようなアナウンスが聞こえる。

質問）あなたは何をすべきか。

選択肢の訳 **1** 1番を押す。

2 2番を押す。

3 3番を押す。

4 4番を押す。

No.2 解答 **4** Press 4.

 状況に「明日の午後3時」と書かれているが、配達を希望しているのではなく、**「配送センター」に取りに行くという部分を読み落とさないようにすることが重要。**最後から2文目にセンターに取りに行く場合は4を押すようにと指示があるので、**4が正解。**配達を希望する人が押すべき番号が最初に3種「挿入」されており、ひっかからないように注意！ 挿入型

ひっかけの選択肢に注意！

本問のように、「午後3時」など特定のキーワードだけで解こうとすると引っかかることがあるので、要注意！

You have 10 seconds to read the situation and Question No. 3.

Thank you for attending today's business seminar. Now, all of our programs have finished, but if you still have any questions, you can stay here, in the Conference Room, and ask questions of the presenters until 6 p.m. **If you'd like to have a personal business talk, please go to the café across the street.** For everyone else, please go to the ballroom on the second floor. We're having a party there. Everyone can join the party any time until 8 p.m. If you go back home now, please take the shuttle bus at the main entrance.

Now mark your answer on your answer sheet.

訳 　本日のビジネスセミナーにご参加いただき、ありがとうございます。さて、全てのプログラムが終了しましたが、もしまだ何か質問がございましたら、ここカンファレンスルームに残り、午後6時までプレゼンターに質問することができます。個人的なビジネスの話をご希望の方は、通りの向かい側にあるカフェをご利用ください。その他全ての方は、2階の大宴会場へお進みください。そこで、パーティーを行います。午後8時まで誰でもパーティーに参加することができます。今からご帰宅される方は、正面玄関からシャトルバスをご利用ください。

状況）あなたは営業スキルを伸ばすためにビジネスセミナーに参加している営業担当者である。プレゼンテーションについて質問はないが、出会った人と販売契約について話をしたいと思っている。

質問）あなたは次にどこへ行くべきか。

選択肢の訳 **1** カンファレンスルーム。

　　　　 2 大宴会場。

　　　　 3 カフェ。

　　　　 4 正面玄関。

No.3 解答 **3** The Café.

☞ 出会った人と販売契約について話をしたい（talk about with a person you met about a sales contract.）という状況に注目する。これは、3文目の **a personal business talk** に言い換えられていると考えられるので、**3が正解**。1はプレゼンテーションの質問がある人、2はその他の人、4は帰宅したい人が行くべき場所である。 類語・言い換え型

> **言い換え表現に注意！**
> 状況で書かれている表現が音声中では言い換えられていることがあるので、注意すること！

（右側縦書き）6日目　リスニング②　パッセージ型・リアルライフ型

 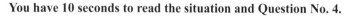

スクリプト

You have 10 seconds to read the situation and Question No. 4.

Thank you for coming to our modern jazz dance club. Since many people have come today, we want to split you into groups. If you have never experienced modern jazz, please go to the video room to watch an introductory video. **If you are at the intermediate level, please go to Dancing Room A on the second floor.** If you are at the advanced level, which means three years of experience or more, please go to the room next door. For intermediate and advanced level students who can come five days a week, we have an intensive training course. If you're interested in this, please stay here.

Now mark your answer on your answer sheet.

訳　モダンジャズダンスクラブへお越しいただき、ありがとうございます。本日は多くの方にお越しいただきましたので、グループに分けたいと思います。モダンジャズの経験をお持ちでない方は、導入のビデオをご覧になっていただくためにビデオルームへお進みください。中級レベルの方は、2階のダンスルーム A へお進みください。上級レベルの方、すなわち 3 年以上の経験をお持ちの方は、隣の部屋へお進みください。中級と上級レベルの生徒様で週に 5 日間来ることができる方は、集中トレーニングコースがございます。もしこれに興味をお持ちでしたら、ここで待機してください。

状況）あなたは、モダンジャズダンスクラブの体験レッスンに参加している。あなたは 2
　　　年間のモダンジャズダンス経験があり、今は週に 1 回クラブに行くことができる。
質問）あなたはまず何をすべきか。
選択肢の訳　**1** ビデオを見る。
　　　　　2 2階に行く。
　　　　　3 隣の部屋に行く。
　　　　　4 ここで待つ。

No.4 解答 **2** Go to the second floor.

 状況から、2 年間のモダンジャズダンス経験があることに注目する。5 文目に、上級レベルは 3 年以上の経験者とあるので、その前の 4 文目で説明されていた中級レベルに該当することがわかる。すると、2 階のダンスルーム A に行くように指示されているので、**2 が正解だとわかる。上級レベルの説明を聞き終わった時点で中級レベルに該当することがわかるという難問。** 1 は未経験の人、3 は上級レベルの人、4 は集中トレーニングコースの希望者が行くべき場所である。集中トレーニングコースは中級レベルもあるが、週に 1 日しかクラブに行くことができないと状況に書かれているので、該当しない。 挿入型

場所の表現に注意！

本問のように「2 階のダンスルーム A」が正解となる場合、「2 階」と「ダンスルーム A」のどちらでも答えられるようにしなければならない。

 スクリプト

You have 10 seconds to read the situation and Question No. 5.

If you frequently make color copies, I recommend this, the Visual Color Zero. The color of the prints is very beautiful, but it is the most expensive. The second one is the Black Beta Pro. This is the only old model in our store, but the monthly rental fee is cheaper than for the others. The next one is the PG Platinum. This is simple to operate. However, it is not good for making a large number of copies, because it takes a lot of time. **You can make a large number of copies fast with the Triple Vista.** However, please bear in mind that the color quality is not very good.

Now mark your answer on your answer sheet.

訳 もし頻繁にカラーコピーをするのであれば、この Visual Color Zero をおすすめします。印刷物の色がとても美しいですが、最も高価です。2 つ目は Black Beta Pro です。こ

6 日目

リスニング ② パッセージ型・リアルライフ型

れは当店で唯一古い型なのですが、月額レンタル料は他の製品よりも安いです。次は、PG Platinum です。これは操作が簡単です。しかし、時間がかかるため、大量のコピーをするのには適していません。Triple Vista を使えば、大量のコピーを素早く行うことができます。しかし、色の品質はあまり良くないことをご承知おきください。

状況）あなたは新型で安いコピー機を借りたいと思っている。あなたは頻繁に、大量コピーをするが、カラーコピーは使わない。販売員が製品の特徴を説明している。

質問）どの製品を借りるべきか。

選択肢の訳 **1** Visual Color Zero.

2 Black Beta Pro.

3 PG Platinum.

4 Triple Vista.

....

No.5 解答 **4** Triple Vista.

☞状況から新型で頻繁に大量コピーをするのに適したコピー機を借りたいこと、さらにカラーコピーはしないことがわかる。この条件を満たすものとして適切な**4 が正解**。1 は頻繁にカラーコピーをする人に適したものなので、不正解。2 は古い型なので、新型を希望している状況と合わない。3 は大量コピーに適していないため、不正解。正解の情報にいたるまでに、複数のダミー情報を「挿入」して、混乱させる 挿入型 。

答えと関係ない情報に気をとられない！

Situation に書かれていない情報は、答えと関係しない。余計な情報に気をとられないようにすることが大切！

▶▶▶ リアルライフ型リスニング問題必須「交通・観光」語彙をマスター！

☐ accommodation charges　　　　　　　　　　　　　　　　宿泊料

☐ an advance ticket　　　　　　前売り券（a same-day ticket は「当日券」）

☐ an aisle seat　　　　　　　通路側の席⇔ a window seat 窓側の席

☐ a baggage claim　　　　　　　　　　　　　　（空港の）手荷物受取所

☐ a boarding pass　　　　　　搭乗券（a boarding gate は「搭乗口」）

☐ carry-on baggage 機内持ち込みの荷物（excess baggage は「超過手荷物」）

☐ a commuter pass / a season ticket 定期券（commuting time は「通勤時間」）

☐ a complimentary beverage　　　　　　　　　　　　　無料の飲み物

☐ a concert venue コンサート会場（the venue for Expo は「エキスポ開催地」）

☐ a connecting flight　　　　　　　　　　　　　　　　　　接続便

☐ a detour sign　　　　　　　迂回表示（take a detour で「迂回する」）

☐ a first-class car　　グリーン車（priority seat は「シルバーシート（優先座席）」）

☐ a frequent flyer [flier]　　　　　　　　　　頻繁に飛行機を利用する人

☐ a head-on collision　　　　正面衝突（pileup は「玉突き衝突事故」）

☐ a high-mileage [a fuel-efficient] car　　　　　　　　　低燃費車

☐ jet lag　　　　　　　　　　　　　　　　　　　　　　時差ボケ

☐ a reserved seat　　　　　　指定席 ⇔ a nonreserved seat 自由席

☐ scenic spots　　　　　　　景勝地（a summer retreat は「夏の避暑地」）

☐ security screening　　　　　　　　　　　　　　　　手荷物検査

☐ stopover / layover　　　　　　　　　　　　　　　　途中下車

☐ a toll road / turnpike　　　　　　　　　　　　　　　有料道路

☐ a tourist destination　　　　観光地（a historic spot は「史跡」）

☐ a travel itinerary　　　　旅程（a round-trip ticket は「往復チケット」）

☐ a World Cultural Heritage site　　　　　　　　　　　世界文化遺産

▶▶▶ リアルライフ型リスニング問題必須「生活・スポーツ」語彙をマスター！

☐ a(n) (automatic) vending machine　　　　　　　　　　自動販売機

☐ condominium　　　　　　　マンション（courtyard は「中庭」）

☐ disposable chopsticks　　　割り箸（disposable income は「可処分所得」）

☐ durable consumer goods 耐久消費財

☐ a household appliance 家電製品（outlet は「コンセント」）

☐ a fire extinguisher 消火器（a fire hydrant は「消火栓」）

☐ food preservatives [additives] 食品防腐剤 [添加物]

☐ a furnished apartment 家具つきのアパート

☐ a glossy [mat] finish （写真の）つや出し [つや消し] 仕上げ

☐ a grocery store 食料雑貨店

☐ kitchen utensils 台所用品

☐ a lost and found 遺失物取扱所

☐ a monthly installment 月々の分割払い

☐ (an) overnight delivery 翌日配達

☐ a plumbing system 配管システム（plumber は「配管工」）

☐ (a) power failure / blackout 停電（a lightning rod は「避雷針」）

☐ preliminary competition / elimination 予選（first-round elimination は「第一次予選」、the final / a championship game / a final match は「決勝」）

☐ a surveillance [monitoring] camera 監視カメラ

☐ tap water 水道水

☐ a utility company ガス・電気会社（utility charges は「公共料金」）

☐ valuables 貴重品（personal belongings は「所持品」）

☐ a catering company 仕出し会社（catering services は「配膳サービス」）

a baggage claim (空港の)手荷物受取所

ライティング

一 気 に ス コ ア UP！
短 期 集 中 ト レ ー ニ ン グ

7日目の動画をチェック！

QR コードをスキャンしよう！

ライティング問題はこう変わる！

▶▶▶合否を大きく左右するライティングスコア！

　英検準 1 級のライティング問題は、**2024 年度から意見論述に要約問題も追加**されることになりました。問題数が 1 題から 2 題へ増えたこと、特に要約問題は「読解力」、「文章作成力」、「リフレーズ力」等が必要で、付け焼刃的では通用しない**総合的な英語力が問われる問題**になったことから、ライティングテストの重要性がますます高まったと言えます。

　解答時間の目安ですが、試験時間 90 分のうち例えば語彙問題 18 問に 15 分、空所補充問題 6 問に 15 分、内容一致問題 7 問に 25 分使うと、**ライティング問題 2 問に割ける時間は残り 35 分**です。このうち意見論述に 15 〜 20 分使うと要約問題には 20 〜 15 分で解答する必要があります。もちろん、それぞれの分野に得手不得手があると思いますので、かける時間は前後することでしょう。しかし「重い」問題が増えたことで焦ることがないように、**時間配分を予め良く考えておくこと**と、要約問題トレーニングを**最低 10 回ぐらい添削を受け**ながらしておくことが**重要**です。

　また、要約問題に慣れていない場合、15 分程度での解答が困難であることが多いと思われますので、本書を使って攻略法をマスターし、時間内に解答できるよう練習しておきましょう。

▶▶▶採点基準は？

　意見論述エッセイは次の 4 項目に基づいて評価・採点されます。それぞれが 4 点満点で合計 16 点満点。**目標点は約 10 点**です。

① **内容 （4 点満点）**：問題に適切に答えており、主題に沿った内容になっているか。また関連のある具体例などでサポートをしているか。

② **構成 （4 点満点）**：英文全体の流れが自然で読み手に分かりやすい文章を書いているか。文同士のつながりや一貫性はあるか。

③ **語い （4 点満点）**：単語語や表現は正確か。またトピックに関連した語いを適切に使えているか。同じ語いや表現を何度も使っていないか。

④ **文法 （4 点満点）**：文法が正確か。時制、冠詞、構文などを正確に使用しているか。

まず① **内容が最重要**ポイントです。トピックと全く関係のないことを書くと、アウト！くれぐれも話が逸れないように気をつけましょう。

　② **構成はエッセイの雛形をマスター**し、それに従って書くと高得点が狙えます。ただし、あくまでも① 内容がトピックに合っていることが前提なので採点は①と連動していると考えられます。

　③ **語いや④ 文法は最も間違いが目立ちやすい**ところです。無理に高度な表現を使う必要はなく、それよりも意見をわかりやすく正確に書くことが大切です。試験では必ず見直しをしましょう。

　また**問題で与えられたキーワードは必ず 2 つ文中で使いましょう。**

　要約問題は次の 4 項目に基づいて評価・採点されます。それぞれが 4 点満点で合計 16 点満点。意見論述問題と同配分です。

①**内容（4 点満点）：**元の文の要点を正確に捉えた内容になっているか。

②**構成（4 点満点）：**英文全体の流れが自然で読み手にわかりやすく論理的な文章になっているか。

③**語彙・文法（4 点満点）：**単語や表現は正確か。

④**語彙・文法（4 点満点）：**リフレーズができているか。

｜＜意見論述＞問題とは？

　では意見論述エッセイはどのように出題されるのでしょうか。

　英検準 1 級では**さまざまな社会問題について 120 〜 150words で自分の意見を発信する力**が求められます。

　出題されたトピックについて、与えられた語句の中の 2 つを使って自分の立場を決め、英語の文章構成に従って論理的に意見を述べなければなりません。これには**語彙や構文を駆使できる英語力**、そして**英語的な発想で文章を構成する力**、さらに**説得力のあるアーギュメント（根拠と論拠に裏づけられた主張）を考える力**、と主に 3 つの要素が必要です。

　アーギュメントを考えることは日本人にはなじみが薄いので、日頃からまずは日本語で考える練習をしておくと良いですね。

　では次に具体的に過去の出題例を見てみましょう。

▶▶▶ 過去の出題傾向はこれだ！

意見論述問題で出題されたトピックは次の通りです。

2021年	第1回	Agree or disagree: Big companies have a positive effect on society POINTS: Products / The economy / The environment / Work-life balance	大企業は社会に良い影響を与えているか？ （ビジネス）
	第2回	Is it beneficial for workers to change jobs often? POINTS: Career goals/ Motivation / The economy / Working conditions	労働者が頻繁に転職することは有益か？ （ビジネス）
	第3回	Should people stop using goods that are made from animals? POINTS: Animal rights / Endangered species / Product quality / Tradition	人々は動物から作られた商品の使用をやめるべきか？ （環境）
2022年	第1回	Should people's salaries be based on their job performance? POINTS: Age / Company profits / Motivation / Skills	人々の給与は仕事の成果に基づいて決定されるべきか？（ビジネス）
	第2回	Should people trust information on the Internet? POINTS: Learning / News / Online shopping / Social media	人々はインターネット上の情報を信用すべきか？ （メディア）
	第3回	Agree or disagree: The government should do more to promote reusable products POINTS: Costs / Effect on businesses / Garbage / Safety	政府はリユース製品の普及にもっと力を入れるべきか？（環境・政策）
2023年	第1回	Should businesses provide more online services? POINTS: Convenience / Cost / Jobs / The environment	企業はもっとオンラインサービスを提供すべきか？（ビジネス・科学技術）
	第2回	Should companies be required to produce goods that are easy to recycle? POINTS: Company profits / Customer demand / Pollution / Product quality	企業はリサイクルしやすい商品を生産するよう要求されるべきか？（ビジネス・環境）
	第3回	Should the government do more to encourage young people to vote in elections? POINTS: Freedom of choice / Social responsibility / Taxes / Trust in politicians	政府は若者に選挙への投票をもっと奨励すべきか？ （政策）

いかがですか？

いずれも**世相を反映した、身近な問題が多い**のがおわかりでしょう。しかし、

これまでにこのような意見をあまり発信する機会がなかった場合、いざ自分の意見を書こうとしても日本語ででもなかなか難しい内容かもしれません。

　普段から新聞やニュースなどを見聞きし、**社会問題について客観的に考える習慣**を持つことが大切です。ライティング問題でよく取り扱われる公共政策、ビジネス、テクノロジー、環境、社会現象などの分野で取り扱われる代表的なトピックについて、**自分の意見を論旨明快に発信できるように練習**しておきましょう。それぞれのトピックにはヒントとなるキーワードが4つずつ与えられています。それをヒントにアーギュメントを考える練習をしておきましょう。

<意見論述>ライティング必勝攻略法

　ではどのような形でエッセイを書けばよいのでしょう。

　英検準1級では指定語数が**120 ～ 150 ワード**です。雛形をマスターしておくと試験当日は与えられたキーワードをヒントに、アーギュメントを考えることのみに集中することができるので、その分短時間でエッセイを仕上げられます。**15分で書き上げる**ことを目標にしましょう。

▶▶▶ 基本構成を知る

　まずは大まかな構成についてです。英検準1級では「論理的なエッセイの正しい構成」で書くことが求められます。また2つの理由を挙げて意見を述べることになっていますので、次の**4パラグラフ（段落）**の構成で書きましょう。

第1パラグラフ　　Introduction
第1文：定型文 (一般論)
第2文：立論 (トピックに対する賛成か反対かなど自分のスタンス)

第2パラグラフ　　Body 1
第1文：一つめのキーアイディアを含む文
第2文目以降：一つめのキーアイディアのサポート

第3パラグラフ　　Body 2
第1文：2つめのキーアイディアを含む文
第2文目以降：2つめのキーアイディアのサポート

第4パラグラフ　　Conclusion
イントロで述べた自分の立論をもう一度述べ、結論として締めくくる

では次に① Introduction (イントロ) ③ Conclusion (結論) で使えるフォーマット (雛形) をご紹介します.

◎ イントロ第 1 文・必勝フォーマット
イントロは 2 文構成で、1 文目では一般論をひな形に当てはめ、2 文目では賛成か反対か等自分の意見を述べるだけです。

Some people 〜 , while others do not 型
Some people [say / believe / think] that S + V(トピック文)**, while others do not.**
「〜と言う人もいれば、そうでない人もいます」

Different people have different ideas about 型
Different people have different ideas about + whether or not S + V (トピック文)**.**
「〜かどうかについてさまざまな意見があります」

> ＊ 上述の「トピック文」は、本来はリフレーズ (トピック文とは違う表現で言い換え) をする方が良いのですが、英検準 1 級ではリフレーズしなくても構いません。

◎ イントロ第 2 文・必勝フォーマット

☆ Personally, I (don't) [believe / think] 型
Personally, I (don't) [believe / think] that S + V (トピック文) **for the following two reasons.**
「私は個人的には、以下の 2 つの理由から〜と (思います / 思いません)」

☆ Personally, I (don't) think it is [beneficial / a good idea] 型
Personally, I (don't) think it is [beneficial / a good idea] that S + V (トピック文) **for the following two reasons.**
「私は個人的には、以下の 2 つの理由から〜は良い考えだと (思います / 思いません)」

＊ここでは必ず「トピック文」をリフレーズせずにそのまま書きましょう。

◎ 結論の必勝フォーマット

In conclusion, for the reasons ～ I (don't) [believe / think]

In conclusion, for the two reasons I mentioned above, A and B, I (don't) [believe / think] that S + V (トピック文)

「結論として私は上述の A と B という 2 つの理由から、～だと (思います / 思いません)」

＊ A と B とは、**ボディで述べた理由を概念化して句にしたもの**です。

字数オーバーしそうな時は A と B を省き、下記のような簡単バージョンでも構いません。

＜簡単バージョン＞

In conclusion, for these two reasons, I (don't) [believe / think] that S + V (トピック文)

▶▶▶ ボディの書き方

イントロと結論はパターンを覚えるだけですぐに書けますが、ボディは、自分でアーギュメントを考える必要があるのでそんなわけにはいきません。
まず、**それぞれの段落の 1 文目にはキーアイディアを、2 文目以降は例を挙げたり、より具体的な表現でキーアイディアを展開するサポート文にする**という構成にするのがエッセイの王道です。この構成にすると、読み手にも早く自分の意見が伝わりやすいので好印象になります。

◎ 「キーアイディア」を提示する表現

☆ Firstly [First], / Secondly [Second],

「まず第一に～、次に～ : 」

ボディの各段落の第 1 文に持ってくる定番表現。**この 1 文がそのパラグラフの要約的存在**です。問題で与えられているキーワードを含んだ文にすると読み手にも意見をわかりやすく伝えられます。その後 2 文くらいで具体例などを用いてキーアイデアをサポートします。

よくあるアーギュメントに関するミス Top 4

　ここでは準1級や1級のエッセイでよくみられるアーギュメントに関するミスを挙げます。ご自分で書かれた文章を客観的に吟味する材料にしてください。

①論点がずれている

　これは**「問題のトピック内容に適切に答えていない」**ということです。例えば「グローバル化をすすめるべきか？ (Should globalization be promoted?)」という問いに対して、「英語が苦手だからすすめるべきでない」のような論点がずれている応答をしてしまうことです。賛成の場合だと「生産性が向上する (It enhances productivity.)」など客観的な理由を挙げる必要があります。

> ☞論点に沿った答えができるように、**物事を客観的に見てその良い点と悪い点を考える**トレーニングをしましょう。

②サポート（具体例）がずれている

キーアイディアに対してサポート（具体例）が関連性のない主張になっているミスです。
　例えば、消費税のデメリットのひとつに「富裕層と貧困層の経済的な格差を広げる（It will widen the gap between rich and poor.)」というキーアイディアを提示したとします。そしてそれに対する具体例として、「誰にでも公平に税金がかけられている」のような全くつながりのないものを挙げてしまうことです。この場合、「収入の少ない人への負担が大きい (It imposes serious burden on low-income people.)」のようにサポートしなければなりません。

> ☞キーアイデアに沿ったサポートになっているか、よく見直しましょう。

③１つ目と２つ目のキーアイディアが重複している

これもよく見られるミスで、理由を２点述べているにもかかわらず、それらの**内容が重複している**ミスです。

例えば「Eラーニングの良い点は？」という問いに対して１点目は「遠方に住んでいる人たちに学ぶ機会を提供する (It provides opportunities to learn for people living in remote places.)」、２点目は「人々がどこにいても学べる (It enables people to learn anyplace they like.)」のように**キーアイディアが同じ内容になっている**パターンです。この場合は１点目の「遠方にいても学ぶことができる」は「どこにいても学べる」ことに含まれています。

> ☞各パラグラフにはそれぞれ重複せず、独立した意見を書けるように練習しておきましょう。

④個人的な経験で論証しようとしている

説得力のある強いアーギュメントとは大半の人が納得できるものでなければなりません。よく自分の好みや経験を用いて意見を述べるケースが見受けられます。しかし、個人的な体験はあくまでも私的なもの。一般に当てはまる事象とは限りません。

> ☞客観的な事実、一般に認識されている事例を示して論証しましょう。

＜要約文＞ライティング必勝攻略法

　要約文とは、元の文に書かれている情報から筆者が最も伝えたい部分、いわば「骨格」の部分を取り出し、**読者が元の内容を正確に素早く理解できるようにする**ものです。

　要約文を作成するためには、何をおいてもまず**正確な文章理解力**が最も重要です。それを前提に、不要な詳細や繰り返しを省いて「骨格」を見極める力、つまり**文の要点を捉える力**、そしてそれらを**別の表現で書き換える力**、文の流れを**論理的にまとめる力**が必要です。これら４つの力をつけるために、作成手順を次のような大きく２つの柱に分け、要約文作成のトレーニングをしましょう。

要約文作成の２本柱

１本目 元の文を正確に読みとって要点を捉える

　正確な読解力には語彙・文法の知識が不可欠です。つまり**パッセージ内のそれぞれの文章がどのように関わり合っているのかを見極めるための語彙・文法力**です。

　この点から、文を読みながら要点を捉えるというのはほぼ同時進行であるとも言えます。ここが最も重要な部分で、パッセージ内の**「余分な」部分を省き「骨格」のみを抽出しながら、つまり重要な情報を浮き彫りにしながら読める**ようになれば要約文作成の７割は達成したと考えても良いくらいです。

　もちろん、求められる要約文の語数と抽出する量は比例します。英検の場合、**パッセージの３分の１に要約**する必要がありますので、あまり「余分な」部分を残す余裕はないでしょう。

２本目 要点部分を別の表現に変え、論理的な流れのパッセージを作る

　パッセージの重要情報を取り出すことができたら、次は**本文そのままの表現ではなく別の表現に書き換える**必要があります。もちろん意味を変えてはいけませんので、どれだけ違うパターンの表現ができるかが問われる部分であります。これにはいくつかのパターンを覚えて練習しておくとよいでしょう (右記「リフレーズ技」参照)。

そして最後にそれらの文を**ディスコースマーカー等を使って論理的な流れにな**
るようにまとめて完成です。準１級の場合、**２００words弱のパッセージを**約
３分の１、つまり**約６０〜７０wordsに要約**しますので、１文につき平均15
〜20wordsで書くと**３〜４文**となります。どこに何文使うかを念頭に入れて文
の構成を考えると良いでしょう。

リフレーズ技

　２本目柱で既述の「本文そのままの表現ではなく別の表現に書き換える」パ
ターンについてお話ししましょう。

技１）概念化
　具体的に書かれている部分を概念化、つまり大きな集合を表す語句に。
　　例 bus, train, and bicycles → transportation

技２）具体化
　抽象的、比喩的、遠回しに書かれている部分を、分かりやすく具体的に。
　　例 reduce the cost → save money など

技３）類語類似表現
　語句自体を他の表現やよく似た語句を用いる。
　　例 enhance → improve, boost, heighten, increase
　　　 keep A from B → stop A from B など

技４）別品詞
形容詞を名詞に、副詞を形容詞にするなど、異なる品詞に。
　　例 make an announcement → announce など

技５）別構文
分詞構文を使う、節を句に、SVC を SVO に、能動態⇔受動態等、文構造を
変化させる。
　　例 Many people read this novel 〜
　　　 This novel is read by many people 〜 ＜能動態 → 受動態＞

では次にそれぞれの「柱」完成に向け、本番よりは短いパッセージを使って３
分の１程度に要約するトレーニングをしましょう

要約文ライティングトレーニング

▶▶▶Ⅰ本目柱Ⅰ完成トレーニング例題

＊次のパッセージの「骨格」となる語句や文にアンダーラインを引き、さらに、それら「骨格」部分になる文を１５〜２０words程度で作ってください。

> Marine pollution, predominantly plastic waste, profoundly impacts oceanic ecosystems. This debris, ranging from microscopic particles to large items, ensnares wildlife, disrupts habitats, and infiltrates food chains. Urgent global cooperation is essential to mitigate this ecological crisis, emphasizing recycling, reducing plastic use, and enhancing waste management protocols. (46)

解答例 & 解説

アンダーラインを引く部分

Marine pollution, predominantly plastic waste, profoundly impacts oceanic ecosystems. This debris, ranging from microscopic particles to large items, ensnares wildlife, disrupts habitats, and infiltrates food chains. Urgent global cooperation is essential to mitigate this ecological crisis, emphasizing recycling, reducing plastic use, and enhancing waste management protocols.

訳 海洋汚染、とりわけプラスチック廃棄物は、海洋生態系に深刻な影響を与えている。微細なものから大きなものまで、このゴミは野生生物を捕らえ、生息環境を破壊し、食物連鎖に浸透している。この生態系の危機を緩和するためには、リサイクル、プラスチック使用量の削減、廃棄物管理手順の強化に重点を置いた、緊急の世界的協力が不可欠である。

☞ トピックセンテンスは Marine pollution, predominantly plastic waste, profoundly impacts oceanic ecosystems. であり、２文目にプラスティックごみの海洋汚染とその影響が、３文目に解決策が書かれていることが分かります。

情報整理 & 文章化

● 情報整理
- プラスチック廃棄物による海洋汚染は海洋生態系に深刻な影響を与えている
- 野生生物を捕らえ、生息環境を破壊し、食物連鎖に浸透している
- 緊急の世界的協力が不可欠である

●文章化

Marine pollution, predominantly plastic waste, impacts ecosystems, ensnares wildlife, disrupts habitats, infiltrates food chains. Urgent global cooperation is essential. (19)

訳 主にプラスチック廃棄物による海洋汚染は生態系に影響を与え、野生生物を捕獲し、生息域を破壊し、食物連鎖に浸透する。緊急の世界的協力が不可欠である。

次は「**2**本目の柱」完成に向けたトレーニングです。
＊**1**本目の柱で作成した文は、どのような別の表現ができるか考えましょう。

▶▶▶2 本目柱 完成トレーニング例題

Marine pollution, predominantly plastic waste, impacts ecosystems, ensnares wildlife, disrupts habitats, infiltrates food chains. Urgent global cooperation is essential. (19)

別の表現に変換

１文目の Marine pollution, predominantly plastic waste ですが、要は「海洋プラスチック廃棄物」のことなのでほぼタームとも言ってよい Marine plastic waste とすると語数が減ってスッキリかつ読み手にも伝わりやすくなります。動詞は類語で impact → affect、ensnare → trap、disrupt → damage、infiltrate → enter とそれぞれ書き換えられます。

２文目は前文との繋がりを示す必要がありますので、ディスコースマーカー Therefore などを加えると良いでしょう。さらに Urgent global cooperation is essential は類語表現 Immediate worldwide collaboration is crucial のように書き換えができます。

解答例

Marine plastic waste affects ecosystems, traps wildlife, damages habitats, enters food chains. Therefore, immediate worldwide collaboration is crucial. (18)

訳 海洋プラスチック廃棄物は、生態系に影響を与え、野生生物を捕捉し、生息地を破壊し、食物連鎖に侵入する。したがって、早急な世界的協力が不可欠である。

よくある文法・語法のミス Top 10

では次によくある文法・語法のミス特集です。これらのミスは、準1級、1級の受験者が実際に書いたエッセイから集めたものも多く含まれています。頭では分かっているつもりでも、いざ制限時間内に書くとなると、**ちょっとあやふやな部分などはたちまち「ボロ」が出てしまった**経験はありませんか？　ここで、減点されないように再確認しておきましょう。

① to 不定詞と前置詞 to を混同する

to がくると不定詞だと思ってしまい、用法を間違えるケースがとても多いです。例えば "**lead to**", "**contribute to**", "**get (be) used to**" などは**前置詞**なので後ろに名詞や動名詞が来ないといけません。これらはそれぞれ、lead to a stable society (安定した社会につながる), contribute to technological development (技術の発展の一助となる), get used to a new custom (新しい習慣に慣れる) のように使います。

② 可算名詞と不可算名詞を正しく使い分けていない

日本人に馴染みにくい区別で、級を問わずミス多発項目です。普段から区別を意識して学習しましょう。

> 例) 意外な可算名詞　tear (涙), delay (遅れ), cost (費用) 等。
>
> 　不可算名詞　luggage (荷物), knowledge (知識), furniture (家具) 等。

③ 冠詞をつけ忘れてしまう

これも②と同様日本語にはない要素。100％マスターするのはなかなか難しいですが、**冠詞「あり」と「なし」では意味が通じなかったり、変わってしまうもの**もあります。これらは特に注意しましょう。

例) the environment (自然環境), the economy (経済活動), the world (世界), the weather (天気), the sky (空), the ocean (大洋), the earth (地球)

④ "A such as B" で、A と B を同カテゴリーにしていない

"A such as B", "A including B", "A like B" では、A の集合のなかに B が含まれていなければなりません。例えば、"foreign languages such as Spanish, German, and Hindi" といった具合に、です。

⑤ 異なるカテゴリーを比較してしまう

比較構文では同じカテゴリーのものを比較しなければなりません。

例えば、「日本の気候はインドの気候よりも穏やかだ」は "The climate of Japan is milder than **that of** India." となり、気候同士を比べているので、that of (=the climate of) が必要です。気候と国など異なるカテゴリーのものは比較できませんが、that が抜けてしまうミスが多いです。

⑥ "increase" "decrease" の主語を人などにしてしまう

主語は「数」や「量」のように測定できる名詞に！

　例)　× People have increased.

　　　　○ The number of people has increased.

　　　　○ People have increased in number.

⑦ however や therefore を接続詞だと勘違いしてしまう

よく似た意味の but が接続詞なので however もそうだと勘違いしてしまうケアレスミスが多いですが、**however, therefore はどちらも「副詞」**です！

　∴ but の後にコンマは NG ですが however の後は要コンマ！

　例) However, there is a problem.

⑧不自然なコロケーションで語彙を使ってしまう

常に自然な語と語の結びつきを意識した語い学習を！

　例) have an influence (影響を与える) 与えるにつられ、give にしない

⑨ 助動詞の用法を間違えてしまう

will は「〜だろう」だけではなく 90％の「〜だ」でもある！

また、would, could は単なる助動詞の過去形の意味だけではなく、仮定法など推量の意味で使われることが多い！

　例) I could go with you. (私はあなたと一緒に行けるかもしれない。)

⑩ affect と effect を混同してしまう

affect は「動詞」、effect は「名詞」と認識せよ！

意見論述ライティング模擬問題にチャレンジ！①

では次に模擬問題に取り組みましょう。

問題 1

Is legalized gambling beneficial to society? (120 - 150 words)
- Tax revenue
- Economy
- Crime
- Addiction

　1つめのトピックは「合法ギャンブルは社会にとって有益か」です。キーワードは「税収」「経済」「犯罪」「中毒」です。既に存在する宝くじ、競馬、競輪からカジノ法案をめぐる議論まで日本では身近な社会問題です。

　まずはトピックを見てご自分で実際に書いてみてください。それから添削例を見て、説得力のある理由が挙げられているかまた、どのような点を改善すべきかを考えてください。

添削エッセイ

◎ 反対の意見（ギャンブルは社会にとって有益ではないという意見の例）

　Some people think that legalized gambling is good for society, while others don't. I don't think that legalized gambling is beneficial to society for the following two reasons.

　First, gambling will ① ~~increase people in addiction.~~ Those people ② ~~devote~~
increase the number of addicted people
~~themselves to gambling, they~~ cannot stop it until they lose a lot of money, hoping to strike it rich. As a result, when they use up their money, they tend to ③ commit crimes such as thefts.

　Second, gambling will cause a lot of crimes. People who want to earn a lot of money in a short time ④ ∨ gradually come to neglect their work. And they
often

⑤√ try to get money easily by committing crimes.
will

In conclusion, for those two reasons I mentioned above, I don't think that legalized gambling is beneficial to society.

....

☞ ① **"increase" は可算名詞を目的語にはできません**。したがって "increase the number of addicted people" などとしましょう。これはよくある文法ミスなので要注意です。

☞ ② "devote oneself to" は「(良いこと)に没頭する」という意味なので、ギャンブルにのめり込む状況にはふさわしくありません。前文の **"addicted" には没頭の意味も含まれる**ので、この部分は省きましょう。

☞ ③ 次のパラグラフのポイントである "crime" をここで述べてしまうと、オーバーラップしてしまいます。中毒者が犯罪に陥りやすいという内容に誤りはありませんが、**このパラグラフでのポイントは "addiction" なので、「犯罪」に関しての言及は避けるべきです**。

☞ ④ & ⑤ともに、現在形で書かれていますが、100％だとは言い切れない内容ですので、ここは助動詞や副詞を用いて表現を和らげましょう。"often neglect" や "will try" など。

内容	構成	語彙	文法	合計
2 /4	2 /4	3 /4	2 /4	9 /16

ミスと理由のオーバーラッピングが残念

エッセイの雛形通りに書かれていて読みやすいのですが、ミスが目立ち、特に2つの理由がオーバーラッピングしている点が残念です。理由がきれいに2つに分かれておらず、結局同じような内容になってしまいました。また、動詞の語法は基本的な事柄ですので再確認が必要ですね。点数は9点。あとひと押しが欲しいところです。

では、賛成、反対それぞれのモデルエッセイを見てみましょう。

◎賛成の意見（社会に有益である）

Different people have different ideas about whether or not legalized gambling does more harm than good to society. Personally, I think that legalized gambling is beneficial to society for the following two reasons.

First, legalized gambling helps raise tax revenue. For example, a lot of people in Japan buy lottery tickets, which contributes to stable tax revenue. The increased tax revenue will improve public services, including construction of infrastructure and educational facilities. These services are beneficial to every citizen in society.

Second, legalized gambling contributes to economic development. For example, many companies can make profits by selling lottery tickets and advertisements as well as by constructing new facilities for casinos. Those benefits will vitalize the national economy, which is beneficial to society.

In conclusion, for the two reasons I mentioned above, tax revenue increase and economic development, I think that legalized gambling is beneficial to society.

語注

☐ lottery ticket 宝くじ　　　　　　☐ stable tax revenue 安定した税収

訳　　合法ギャンブルが社会に有益かどうかは、さまざまな意見があります。個人的には、次の2つの理由から合法ギャンブルは社会に有益だと思います。

まず、合法ギャンブルで税収が増えます。例えば日本では宝くじを買う人がたくさんいますが、これは安定した税収になっています。税収が増えると、インフラや教育施設の設立など、公共のサービス向上につながります。このようなサービスは全ての市民に有益なことです。

次に、合法ギャンブルで経済が発達します。例えば多くの会社は宝くじを売り広告を出し、カジノを作るために新しい施設を作ることで利益を得ます。その利益は国の経済を発展させるので社会に有益なことです。

結論として上述の税収増加と経済発展という2つの理由から、私は合法ギャンブルは社会に有益だと思います。

モデルエッセイ 136 ワード

◎ 反対の意見 (社会に有益でない)

Different people have different ideas about whether or not legalized gambling does more harm than good to society. Personally, I do not think that legalized gambling is beneficial to society for the following two reasons.

First, gambling can be addictive, and harmful to people's mental and physical health. Gambling addiction will eventually lead to mental illnesses such as depression. Addiction can also lead to job loss, breakup of families and relationships with others.

Second, gambling is often a hotbed of crime. Gambling often causes people to lose games and suffer from heavy debts. Some people may commit crimes out of desperation. Gambling also can be used for money laundering by criminals.

In conclusion, for the two reasons I mentioned above, the likeliness of addiction and crime, I do not think that legalized gambling is beneficial to society.

7日目

ライティング

語注

□ addictive 中毒の　 addiction の形容詞形
□ depression うつ病　　　　　　　　　□ hotbed of crime 犯罪の温床

訳　合法ギャンブルが社会に有益かどうかは、さまざまな意見があります。個人的には、次の 2 つの理由から合法ギャンブルは社会に有益ではないと思います。

まず、合法ギャンブルで依存症になり、人々の心身の健康に害を与える可能性があります。依存症になるとやがてうつ病の様な精神疾患になるのです。また、仕事を失ったり家族や他の人達との関係がこわれることもあります。

次に、ギャンブルは犯罪の温床になりやすいです。ギャンブルで負けて借金を抱える人

を生み出します。彼らは窮地に立たされて犯罪を犯してしまうことがあるのです。またギャンブルは犯罪者のマネーロンダリング(資金洗浄)に利用されることもあります。

　結論として、上述の依存症と犯罪をまねくという2つの理由から、私は合法ギャンブルは社会に有益ではないと思います。

> ☞ **「有益ではない」のポイントは「依存症に陥る」「犯罪をまねく」**です。合法ギャンブルで経済効果があったとしても、これらを解決するために医療費や取り締まりなどにお金がかかると相殺されてしまう、ともいえます。

ではもう1題、模擬問題に取り組んでみましょう。

意見論述ライティング模擬問題にチャレンジ！②

> 問題**2**
>
> Agree or disagree: The mandatory retirement system should be abolished in Japan. (120-150 words)
> ● Labor costs
> ● Job opportunities
> ● Pension system
> ● health

　2つめのトピックは「定年退職制度は日本で廃止すべきか否か」で、ヒントのキーワードは「人件費」「仕事の機会」「年金制度」「健康」です。

　1つめのトピックと同じように、実際にエッセイを書き、それから添削例を見て、どのような点を改善すべきか、考えてください。

添削エッセイ

◎ 賛成の意見（定年制は廃止すべきだという意見の例）

I agree with the idea that the mandatory retirement system should be abolished in Japan for the following two reasons.

First, ① many people in my father's company want to continue to work after ② they are 60 years old. However, they have to give up their career at 60. After retirement from jobs, some people suffer from poor health as they have nothing to do. I think there should be chances for healthy and productive people to keep working.

Second, retired people need to depend on the pension system for life after retirement. ③ But, there are usually some years between 60 and the age they can start to receive ④ ∨ pension. During that period, they cannot make a living
ᵃ

without jobs or ∨ pension. If there is no mandatory retirement system, they can
ᵃ

work until they get ∨ pension.
ᵃ

In conclusion, for the two reasons I mentioned above, I agree with the idea that the mandatory retirement system should be abolished in Japan.

☞ ①これは**個人的な経験のみの説明ですので NG** です。このパラグラフのポイントは「健康であるのに仕事を辞めざるを得ないと却って不健康になる」ですので、例えば "The mandatory retirement system will sometimes worsen people's health." などをトピックセンテンスにしましょう。
☞ ②**60 歳が必ずしも退職年齢とは限らないので説明が必要**です。ここは "retirement age"（退職年齢）と一般化しましょう。
☞ ③日本語の「しかし、」とは違い **But の後のコンマは原則つけません。** コンマをつけるなら副詞の "However," にしましょう。
☞ ④ **pension は可算名詞**なので a pension。

内容	構成	語彙	文法	合計
2 /4	**3** /4	**3** /4	**3** /4	**11** /16

一般的な事実に基づいた論証をしよう

１つ目の理由に個人の身近な経験などをトピックセンテンスにしたのは大いなるミスでした。一般的な事実に基づいた理由でなければ大幅減点されます。このことは二次面接での社会問題に関するQuestionにも当てはまることですので、注意しましょう。構成は良いのですが、欲を言えばイントロに一般論をつけ加えるとベターでした。文法は少しのミスのみ、語彙は特に問題ありませんでしたので合計11点となり、合格点です。

では、賛成、反対それぞれのモデルエッセイを見てみましょう。

モデルエッセイ **148** ワード

◎賛成の意見（定年制は廃止すべき）

Some people support the mandatory retirement system, while others do not. Personally, I think that the mandatory retirement system should be abolished in Japan for the following two reasons.

First, this system makes it difficult to maintain the current pension system in a super-aging society. Increasing elderly employment will raise government tax revenue and the starting age of pension provision. This will help prevent the collapse of the pension system.

Second, this system will lead to a decline in elderly people's health. As the system deprives even productive elderly workers of their jobs, they may lose physical and mental energy, and might even suffer from illness. However, job responsibilities will make them healthier and more energetic.

In conclusion, for these two reasons, maintenance of the pension system and the possibility of poor health among elderly people, I think that the mandatory retirement system should be abolished in Japan.

□ the pension system 年金制度 　　　□ super-aging society 超高齢化社会

訳 定年制に賛成する人もいればしない人もいます。私は次の2つの理由から日本で定年制を廃止すべきだと思います。

　まず、超高齢化社会では定年制によって現在の年金制度を維持することが難しくなります。高齢者の雇用が増えると政府は税収が増えて年金支給年齢を引き上げられます。そうなると年金制度が崩壊するのを防げます。

　次に、定年制は高齢者の健康悪化を招きます。定年制があるとまだまだ働ける高齢者であっても仕事を奪ってしまうので、精神的にも、身体的にも活力を失い、病気になることさえあります。しかし、仕事への責任感を持つことで健康になり、より活き活きすることができます。

　結論として、これら年金制度の維持と高齢者が不健康になるという可能性、という2つの理由で私は日本で定年制を廃止すべきだと思います。

☞「廃止すべき」の意見では「年金制度の維持」と「高齢者の健康」がポイントになります。添削エッセイでは個人の立場で年金受け取りについて書かれていましたが、モデルエッセイのように国側の立場から年金制度の維持について言及することもできます。

モデルエッセイ 150 ワード

◎ 反対の意見（定年制は廃止すべきではない）

　Some people say that the mandatory retirement system is necessary in Japan, while others do not. Personally, I do not think that the mandatory retirement system should be abolished in Japan for the following two reasons.

　First, the mandatory retirement system gives job opportunities to young people. Young people need to start establishing a stable life in society. This system will help decrease relatively high unemployment among young generation, which is a serious problem in our society.

　Second, the mandatory retirement system reduces labor costs in an organization. Generally, the older and more experienced employees are, the higher the labor cost becomes. This will become a serious financial burden on an organization, which hampers its economic growth.

7日目 ライティング

In conclusion, for the two reasons I mentioned above, giving job opportunities to young people and reducing labor costs, I do not think that the mandatory retirement system should be abolished in Japan.

語注

☐ burden on ～　～への負担　　　　☐ hamper ～を妨げる

訳 定年制に賛成する人もいればしない人もいます。私は次の2つの理由から日本で定年制を廃止すべきではないと思います。

　まず、定年制があると若い人達に仕事の機会が与えられます。若い人達は安定した社会生活を築き始める必要があります。定年制により、日本での深刻な問題である若者の未就業率を減らすこともできます。

　次に、定年制があると組織の人件費を削減できます。一般に従業員が年齢と経験を重ねるほど人件費がかかります。そしてそれは組織の経済的負担になり、経済の発展を妨げることになります。

　結論として、これら、若者に仕事の機会を与えることと人件費削減という2つの理由で私は日本で定年制を廃止すべきではないと思います。

☞「廃止すべきではない」のポイントは「若い人に仕事の機会を与える」と「人件費削減」です。この他に "health" の観点から、"Elderly people's health tends to decline, thus leading to a decrease in a company's productivity."（高齢者は健康を損ねる人も多いので、それが会社の生産性を低下させる）とも言えるでしょう。

　以上で意見論述ライティングのトレーニングは終了です。コツはつかめましたか？　最も苦手な人が多い、アーギュメントの考えを出すことですが、試験対策として、**英検の過去問で出題された1級から3級までのトピック**をリストにし、**それぞれの論旨をまとめておく**とよいでしょう。予め理由を考えておくと、良く似たトピックが出された場合に応用もできます。

意見論述ライティングの極意まとめ

① 文法・語法のミスをしない！
② 雛形を覚えてエッセイの構成をマスター！
③ 客観的な理由で説得力を高めよう！

要約ライティング模擬問題にチャレンジ！

では先述の「2本柱メソッド」を用いて、いよいよ本番と同量のパッセージで60〜70wordsに要約した文を完成させましょう。

Alternative medicine encompasses a broad range of practices outside conventional Western medical science. This includes herbal remedies, acupuncture, and yoga, among others. These methods often draw from traditional knowledge and holistic approaches to health, emphasizing the body's innate healing capabilities. Unlike Western medicine, which relies heavily on pharmaceuticals and surgery to treat symptoms, alternative medicine seeks to address the root causes of illness, often incorporating lifestyle changes and natural therapies.

Western medicine, on the other hand, is characterized by a scientific approach to healthcare. It bases diagnosis and treatment on rigorous research and clinical trials, ensuring treatments are effective and safe. This system excels in acute care and management of chronic conditions through advanced technologies and pharmaceutical interventions.

While some view these approaches as mutually exclusive, an integrative health model that blends the best of both worlds is gaining popularity. This model recognizes the value in both traditional practices for their preventive and holistic benefits and Western medicine for its ability to manage serious health conditions effectively. The integration aims to provide a more comprehensive, patient-centered approach to health and wellness, acknowledging the importance of treating both the mind and body. (190)

7日目

ライティング

訳 代替医療は、従来の西洋医学の枠にとらわれない広範な実践を包含している。これには、ハーブ療法、鍼治療、ヨガなどが含まれる。これらの方法は、伝統的な知識や健康へのホリスティックなアプローチから導き出されることが多く、身体が本来持っている治癒力を重視する。症状を治療するために医薬品や手術に大きく依存する西洋医学とは異なり、代替医療は病気の根本原因に対処しようとするもので、多くの場合、生活習慣の改善や自然療法を取り入れる。

一方、西洋医学は医療に対する科学的アプローチが特徴である。厳密な研究と臨床試験に基づいて診断と治療を行い、治療が効果的で安全であることを保証する。このシステムは、急性期医療や、高度な技術や薬物介入による慢性疾患の管理に優れている。

これらのアプローチを相互に排他的なものと考える人もいるが、両方の長所を組み合わせた統合医療モデルが人気を集めている。このモデルでは、予防やホリスティックな利点がある伝統的な診療と、深刻な健康状態を効果的に管理できる西洋医学の両方の価値を認めている。この統合は、心と体の両方を治療することの重要性を認識し、健康とウェルネスに対してより包括的で患者中心のアプローチを提供することを目的としている。

解答例 & 解説

　各パラグラフの内容をまずは「**1** 本目の柱」、骨格となる語句や文にアンダーラインを引き、更に、それら「骨格」部分になる文を作ります。

1 本目の柱

＜第1パラグラフ＞
アンダーラインを引く部分

<u>Alternative medicine</u> encompasses a broad range of practices outside conventional Western medical science. This includes <u>herbal remedies, acupuncture, and yoga,</u> among others. These methods often draw from <u>traditional knowledge and holistic approaches to health,</u> <u>emphasizing the body's innate healing capabilities.</u> Unlike <u>Western medicine,</u> which relies heavily on <u>pharmaceuticals and surgery</u> to treat symptoms, alternative medicine seeks to address the root causes of illness, often incorporating lifestyle changes and natural therapies.

1 文目 トピックセンテンス

　・Alternative medicine：このパッセージのテーマ、代替医療

2 文目　具体例

　・herbal remedies, acupuncture, and yoga（ハーブ療法、鍼治療、ヨガ）

3 文目　特徴

　・traditional knowledge and holistic approaches to health（伝統的な知識やホリスティックなアプローチ）

　・the body's innate healing capabilities（身体が本来持っている治癒力重視）

4 文目 西洋医療の特徴と違い

　・Unlike Western medicine, which relies on pharmaceuticals and surgery（医薬品や手術に依存する西洋医学とは異なる）

情報整理 & 文章化

●情報整理

　アンダーラインを施した部分を元に、まずは日本語で情報をまとめると、以下の通りになります。

　・代替医療にはハーブ療法、鍼治療、ヨガがある

　・代替医療は伝統的な知識やホリスティックなアプローチであり、身体が本来持っている治癒力を重視する

　・医薬品や手術に依存する西洋医学とは異なる

●文章化

　これらを本文の表現をほぼそのまま用いて英文にしてみましょう。

Alternative medicine includes herbal remedies, acupuncture, and yoga. These methods draw from traditional knowledge and holistic approaches to health, emphasizing the body's innate healing capabilities. They are unlike Western medicine, which relies on pharmaceuticals and surgery.

訳 代替医療には、ハーブ療法、鍼治療、ヨガなどがある。これらの方法は、伝統的な知識と健康へのホリスティックなアプローチに基づくもので、身体が本来持っている治癒力を重視するものである。これらは 医薬品や外科手術に依存する西洋医学とは異なる。

7日目

ライティング

<第2パラグラフ>

アンダーラインを引く部分

<u>Western medicine</u>, on the other hand, is <u>characterized by a scientific approach to healthcare</u>. It bases diagnosis and treatment on rigorous research and clinical trials, ensuring treatments are <u>effective and safe</u>. <u>This system excels in acute care and managing chronic conditions</u> through advanced technologies and pharmaceutical interventions.

---

1 文目　西洋医学の特徴
・Western medicine is characterized by a scientific approach to healthcare.
　　（西洋医学は医療に対する科学的アプローチが特徴）
2 文目　西洋医学の利点
・effective and safe（治療が効果的で安全）
3 文目 西洋医学の利点
・This system excels in acute care and managing chronic conditions
　　（このシステムは、急性期医療や慢性疾患の管理に優れている）

情報整理 & 骨格文

●情報整理

　アンダーラインを施した部分を元に、先ずは日本語で情報整理すると、以下の通りになります。

> ・西洋医学は医療に対する科学的アプローチが特徴
> ・西洋医学の利点は治療が効果的で安全であり、急性期医療や慢性疾患の管理に優れている

●文章化

　これらを本文の表現をほぼそのまま用いて英文にしてみましょう。

Western medicine is characterized by a scientific approach to healthcare. It is effective and safe, excelling in acute care and managing chronic conditions.

訳 西洋医学の特徴は、医療に対する科学的アプローチである。効果的で安全であり、急性期治療や慢性疾患の管理に優れている。

<第3パラグラフ>

アンダーラインを引く部分

While some view these approaches as mutually exclusive, <u>an integrative health model that combines the best of both worlds is gaining popularity</u>. This model <u>recognizes the value in both traditional practices</u> for their preventive and holistic benefits and Western medicine for its ability to manage serious health conditions effectively. <u>The integration aims to provide a more comprehensive, patient-centered approach to health and wellness, acknowledging the importance of treating both the mind and body</u>.

1文目　統合医療が注目されている
　・an integrative health model that combines the best of both worlds is gaining popularity（両方の長所を組み合わせた統合医療モデルが人気を集めている）
2文目　統合医療の特徴
　・〜 recognizes the value in both traditional practices（両方の価値を認めて）
3文目　統合医療の目的
　・〜 aims to provide a more comprehensive, patient-centered approach to health and wellness（健康とウェルネスに対してより包括的で患者中心のアプローチを提供することを目的としている）
　・the importance of treating both the mind and body.
　　（心と体の両方を治療することの重要性）

情報整理 & 骨格文

●情報整理
　アンダーラインを施した部分を元に、まずは日本語で情報整理すると、以下の通りになります。

・それぞれの長所を組み合わせた統合医療モデルが人気を集めている
・心と体の両方を治療することの重要性を認識し、健康とウェルネスに対してより包括的で患者中心のアプローチを提供することを目的としている

●文章化

これらを本文の表現をほぼそのまま用いて英文にしてみましょう。

> An integrative health model that combines the best of both worlds is gaining popularity. It aims to provide a more comprehensive, patient-centered approach to health and wellness acknowledging the importance of treating both the mind and body.

訳 両方の長所を組み合わせた統合医療モデルが人気を集めている。心と体の両方を治療することの重要性を認識し、健康とウェルネスに対してより包括的で患者中心のアプローチを提供することを目的としている。

2本目の柱

＜第1パラグラフ＞

次に「2本目の柱」へ進みましょう、「骨格文」を別の表現に変え、論理的な流れのパッセージを作ります。

別の表現に変換

1本目の柱で作成した文中の表現を変えてみましょう。カッコ内の数字はワード数です。

① Alternative medicine includes herbal remedies, acupuncture, and yoga. These methods draw from traditional knowledge and holistic approaches to health, emphasizing the body's innate healing capabilities. They are unlike Western medicine, which relies on pharmaceuticals and surgery. (36)

> ⇒ Alternative medicine such as acupuncture and herbal remedies is focused on holistic health and natural healing power. (17)

リフレーズ技

＊ alternative medicine, herbal remedies のようなタームはそのまま残す

別品詞　　include (動詞) → including (現在分詞)

類語類似表現 emphasize → is focused on

innate healing capabilities → natural healing power

pharmaceuticals → drugs

具体化　　　　holistic approaches to health → holistic health

別構文　　　　Western medicine, which relies on 〜 (関係代名詞節)

　　　　　　　→ Western medicine's reliant on 〜 (句)

② Western medicine is characterized by a scientific approach to healthcare. It is effective and safe, excelling in acute care and management at chronic conditions. (23)

> ⇒ (〜 Western medicine's reliance on drugs and surgery) based on scientific evidence. Western medicine is known for its safety and efficacy, particularly in treating acute care and controlling chronic conditions. (22)

リフレーズ技

＊１文目は①の最終文に繋げる

類語類似表現　　characterized by a scientific approach

　　　　　　　　→ based on scientific evidence

　　　　　　　　manage → control

別品詞　　　　　effective and safe (形容詞) → efficacy and safety (名詞)

③ An integrative health model that combines the best of both worlds is gaining popularity. It aims to provide a more comprehensive, patient-centered approach to health and wellness acknowledging the importance of treating both the mind and body. (37)

> ⇒ An emerging integrative medicine blends alternative medicine and Western medicine. It aims for a comprehensive, patient-focused health care, valuing both mental and physical health. (24)

リフレーズ技

＊ an integrative health model は Western medicine と揃えて integrative medicine に。

類語類似表現　　blend → combine

　　　　　　　　acknowledging the importance of → value

７日目

ライティング

	patient-centered → patient-focused
	mind and body → mental and physical health
具体化	approach to health and wellness → health care
別構文	is gaining popularity (SVC)
	→ emerging (形容詞で修飾して句に)
	aim to ～ → aim for ～

解答例

Unlike Western medicine reliant on drugs and surgery based on scientific evidence, alternative medicine such as acupuncture and herbal remedies is focused on holistic health and natural healing power. Western medicine is known for its safety and efficacy, particularly in treating acute care and controlling chronic conditions. Emerging integrative medicine combines alternative medicine and Western medicine for a comprehensive, patient-focused health care, valuing both mental and physical health. (68)

訳 科学的根拠に基づく薬物や手術に頼る西洋医学とは異なり、ハーブ療法、鍼治療のような 代替医療は、ホリスティックな健康と自然治癒を重視している。西洋医学は、特に急性期の治療や慢性疾患のコントロールにおいて、その安全性と有効性で知られている。新興の統合医療は、代替医療と西洋医療を融合させたもので、精神的・肉体的健康の両方を重視し、包括的で患者の立場に立った医療を目指している。

要約ライティングの極意
素早く要点をキャッチする
リフレーズする
話の流れを論理的にまとめる

二次試験
面接

一 気 に ス コ ア UP ！
短 期 集 中 ト レ ー ニ ン グ

8 日目の動画をチェック！

QR コードをスキャンしよう！

一次試験に合格すると、いよいよ二次試験面接です。試験は面接委員と受験者1対1で行われます。まずは面接室に入るところから出るところまで、順に見ていきましょう。

　面接ではすべて英語でやり取りをします。**試験時間は約8分**です。

面接シミュレーション

1. 部屋に入る

❶ 控え室で記入した「面接カード」を持ち、係員の指示に従って面接室に入ります。

受験者 ── May I come in?

Yes, please. ── 面接委員

❷ 面接委員に「面接カード」を手渡します。

Hello. Can I have your card, please? ── 面接委員

受験者 ── Hello. Here you are.

Thank you. ── 面接委員

❸ 面接委員の指示に従い、着席します。

Please have a seat. ── 面接委員

受験者 ── Thank you.

※ 荷物などは席の脇に置きます。

2. 名前・級の確認、簡単な会話

❶ あなたの氏名と受験している級を確認します。

My name is Nakayama Takashi. May I have your name, please? ── 面接委員

受験者 ── Yes, my name is Sakamoto Miki.

All right, Ms. Sakamoto. This is the Grade pre-**1** test, OK? —— 面接委員

受験者 —— Yes.

❷簡単な会話をします 。

Well, Ms. Sakamoto, could you tell me a little bit about yourself? —— 面接委員

受験者 —— I'm a medical student. I want to be a doctor in a doctorless village and help local people.

※ この自由会話は採点対象ではなく、あくまでも受験生の緊張をほぐすためです。
会話を楽しんでリラックスしましょう！

3.「問題カード」の 受け取りとナレーション

❶ 面接委員から「問題カード」を受け取り、指示に従って **1 分間**で「問題カード」に描かれた 4 コマ漫画の**ストーリーを考え、2 分間のナレーション**をします。

Now, let's start the test. Here's your card. —— 面接委員

受験者 —— Thank you.

You have one minute to prepare before you start your narration. —— 面接委員

受験者 —— OK.

〜（**1** 分後）〜

Now, please begin your narration. You have two minutes. —— 面接委員

※受験者は 2 分間でナレーションをします。

❶ ナレーションが終わると、Q&A が始まります。

> Now, I'll ask you four questions. ── 面接委員

受験者 ── Yes.

※ No.1 のみ「問題カード」からの出題です。

❷ No.1 の応答が終わると、面接委員の指示に従い、「問題カード」を裏返し、No.2 ～ No.4 の質問が続きます。

> Now, Ms. Sakamoto, please turn over the card and put it down. ── 面接委員

※ No.2 ～ No.4 は社会問題に関する出題です。

2024 年度より、**No.4** の質問に導入文が **1** 文追加されました。

❸ 面接委員から試験終了が告げられますので、「問題カード」を面接委員に返し、退室します。

> All right, Ms. Sakamoto, this is the end of the test.
> Could I have the card back, please? ── 面接委員

受験者── Here you are.

> Thank you. You may go now. ── 面接委員

受験者── Thank you very much.

> Goodbye. Have a nice day. ── 面接委員

受験者── Thank you. You, too.

5 部屋を出る

試験が終了し、退室したら、すみやかに会場から退場します。控室に戻る必要はありません。

以上が面接試験の流れです。イメージトレーニングはできましたか？

評価される項目と配点

では次に二次試験の合格に必要な点などを見ていきましょう。

ナレーション、No.1 ～ No.4 およびアティチュード (態度) が評価の対象となります。**ナレーションは 15 点満点、No.1 ～ No.4 は全て 5 点満点、アティチュードは 3 点満点で合計 38 点満点**です。

▶▶▶ アティチュード（attitude）

attitude とは「態度・姿勢」という意味で、二次試験では主に次のような点が評価の対象となっています。

①積極性
知識不足で適した言葉がでない際も、知っている単語をなんとか駆使し、相手に伝えようと努力しているか。

②明瞭な声
相手にとって聞き取りやすい声で話しているか。
適切な発音、アクセントで話しているか。

③自然な反応
相手の言葉に対して、不自然なくらい長い間が置かれていないか。

▶▶▶ スコア

CEFR (Common European Framework of Reference for Languages) という語学のコミュニケーション能力別のレベルを示す国際標準規格に基づいてスコアが出されます。**合格基準スコア（英検 CSE スコア）**は固定されており、準 1 級は **750 点満点中 512 点**です。

※ 英検では統計的手法を用いてスコアを算出されています。したがって**合計素点でスコアを算出することはできませんが、38 点満点中 22 点以上を目標点**にしましょう。

次は二次試験でよく出題されるトピックはどのようなジャンルのものが多いのか、その傾向を見てみましょう。

過去の出題傾向はこれだ！

▶▶▶4 コマ漫画トピック

過去約 10 年間の英検準 1 級二次試験で出題される 4 コマ漫画の頻出トピックは、ジャンル別に次のような順になっています。幅広いジャンルから身近によく起こりうる出来事が題材にされていることがわかります。

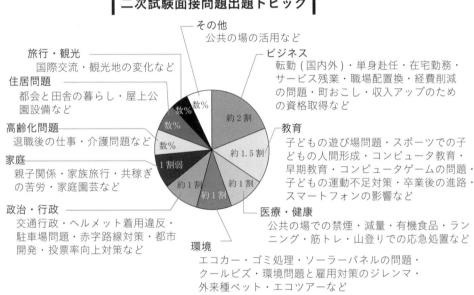

二次試験面接問題出題トピック

その他
公共の場の活用など

旅行・観光
国際交流・観光地の変化など

住居問題
都会と田舎の暮らし・屋上公園設備など

高齢化問題
退職後の仕事・介護問題など

家庭
親子関係・家族旅行・共稼ぎの苦労・家庭園芸など

政治・行政
交通行政・ヘルメット着用違反・駐車場問題・赤字路線対策・都市開発・投票率向上対策など

環境
エコカー・ゴミ処理・ソーラーパネルの問題・クールビズ・環境問題と雇用対策のジレンマ・外来種ペット・エコツアーなど

ビジネス
転勤 (国内外)・単身赴任・在宅勤務・サービス残業・職場配置換・経費削減の問題・町おこし・収入アップのための資格取得など

教育
子どもの遊び場問題・スポーツでの子どもの人間形成・コンピュータ教育・早期教育・コンピュータゲームの問題・子どもの運動不足対策・卒業後の進路・スマートフォンの影響など

医療・健康
公共の場での禁煙・減量・有機食品・ランニング・筋トレ・山登りでの応急処置など

約 2 割　約 1.5 割　約 1 割　約 1 割　約 1 割　1 割弱　数 %　数 %　数 %　数 %

▶▶▶ 社会問題出題トピック

では、次に QuestionNo.2 〜 No.4 で問われる社会問題ではどのような質問がされるのかを見てみましょう。大きく分けると次の 3 種類に分類され、さらにここ数年の傾向では次の番号順で多く出題されています。

1. 自分の意見を述べる系

物事の是非を問う内容です。

例・Does the government have a responsibility to provide financial support for unemployed people?

(政府は失業者への資金援助に責任があるか)

・Should companies encourage their workers to take longer vacations?
(会社は従業員にもっと休暇を取らせるべきか)

2. 事象を検証する系

現在の事象についてその歴史などを踏まえて検証する内容です。

例・Do you think that the Internet has improved communication between people?

　　(インターネットは人々のコミュニケーションを改善したと思うか)

・Why do you think that many young people today seem to have little interest in politics? (なぜ最近、政治に無関心の若者が多いと思うか)

3. 未来を予測する系

現在の状況や傾向を踏まえて、将来の世相を予測する内容です。

例・Do you think that more people will read digital books in the future?

　　(将来デジタル本を読む人が増えると思うか)

・Do you think that, in the future, more countries will produce genetically modified foods?

(将来、遺伝子組み換え食品を生産する国が増えるか)

面接で試される力

◎スピーキング力

英検準 1 級の二次試験面接は、スピーキングの力を評価するとても優れた試験の一つです。

皆さんはスピーキング力の高い人というと、どんなことを話せる人のことを思い浮かべますか？

簡単なあいさつ、買い物をする、雑談をする、といったことにもちろんスピーキング力は求められます。しかし、**物事を順序立てて話すことや、自分の意見や考えを相手に分かりやすく話すこと**ができる、もう少し「大人」レベルのスピーキング力を身に着けることが大切で、英検ではこのようなスピーキング力が求められます。

スピーキング力を高めるためには、**物事を描写する力**や、**英語らしい論理的思**

考力が不可欠です。しかし日本語と英語は、そもそも育った土壌が全く違いますので、英語での高いスピーキング力をマスターするのに苦労する人が多く見られます。

　ではその違いはどこにあるのでしょうか？

◎ 英語と日本語の違い

　日本語は **high context language（文脈依存が高い言語）** といわれる、**相手に全てを伝えなくてもなんとなく意味が通じてしまう言語**です。「ね !? 言わなくてもわかるでしょう？」という前提がそこかしこに見られ、いわば共通の認識を持つ仲間内の会話のようであり、全てを語ることは無粋だとされます。

　文脈依存型の文章としてよく例に挙げられてきたのが川端康成著「雪国」の冒頭部分「国境の長いトンネルを抜けると雪国であった。」です。この文には**主語がなく「抜けた」「雪国であった」の主体が不明**ですが、日本人は文脈を読み取る能力に長けており、**違和感なくこの状況を把握**することが出来ます。

　それに対して英語は **low context language（文脈依存が低い言語）** といわれています。話し手と聞き手は共通の認識のない他人同士であり、自分の言いたいことを**相手に逐一伝えなければならない言語**なのです。例えば上記の文はアメリカの日本文学者、サイデンステッカー (Edward. G. Seidensticker) により ‘ The train came out of the long tunnel into the snow country ’ と翻訳されており、これは**汽車を主語にして状況を客観的に描写**しています。

　共通認識のない相手に伝えなければならない英語では、日本語よりも多くの説明が必要で、自ずと論理的に説得力を持って話さなければなりません。「論理的に」とはちょうど数学の解答を作るときのように、**旧情報から新情報へと話を進めること**です。**突然新情報を出すとそこで論理が飛躍**してしまい、相手にきちんと理解してもらえなくなります。数学の解答でもそこで減点されるのと同じですね。このような点が日本語とは正反対。日本人が苦戦するのはもっともなことです。

◎ 英検準 1 級合格に必要な力とは

　英検準 1 級面接試験では、スピーキングの総合力が問われます。

　正確な発音やアクセントはもちろん、**イラストを見て状況を正確に順序良く、**そして**登場人物の感情を的確に描写する力**、さらにさまざまな**社会問題に対する**

自分の意見を述べる力が必要です。社会問題に対する答えは「とにかく思ったことをたくさん話せばよい」という雑談的なものではなく、**問われた内容に沿った答えを客観的理由と共に筋道を立てて論理的に述べ**なければなりません。

　このことから英検準1級合格者は事物描写力・論理的発信力を備えたスピーキング力の持ち主、と言えましょう。

二次試験面接問題の攻略法

　では具体的に二次試験問題の攻略法を順に見てみましょう。

▶▶▶ ① ナレーション

問題カードに書かれている4コマ漫画のストーリーを**1分間考えた後、2分で**
ナレーションをします。ナレーションは**問題カードに書かれている文で始め**なければなりません。

1分間の準備時間では、

ⅰ）4コマのイラスト台詞全体の話しの流れとオチをつかむ。(20秒)

ⅱ）登場人物の行動と感情を捉えながら各コマで大体2文くらいになるように
　　組み立てる。(40秒)

というプロセスで頭の中で英作文しましょう。

難しい単語や構文を使う必要はなく、**シンプル**かつイラストや記されているつなぎの言葉など**情報をもれなく正確に話す**ことが高得点につながります。また、
時制は過去です。

▶▶▶ ② Question No.1

4コマ目の登場人物の感情を描写する問題です。

"Please look at the fourth picture. If you were the [man/woman 等], what would you be thinking?"と問われますので

"I would be thinking 〜"で答えます。

直接話法でも間接話法でもOKですが、**時制や主語の間違いを避けるために直接話法が無難です。英文の量はおよそ3文、35ワード程度**で答えると良いでしょう。

▶▶▶ ③ Question No.2 ～ No.4

No.1 の後、問題カードを裏返す指示があります。ここからはイラストに基づいた設問ではなく、一般的な社会問題について問われます。まずは自分のスタンス、つまり Yes または No をはっきりさせた後、その客観的理由や説明を述べます。**合格のためには 2 つ、満点解答のためには 3 つの理由や説明を。**一つの理由につき 1 文で答えます。

このとき、最初に言った自分のスタンスと違う意味のサポートをしてしまわないように気をつけます。賛成の立場なのに理由や説明の内容が反対のものだと、筋が通らず合格点が得られません。

☞ 「**自分の意見・理由≠自分の好みや身近な経験・事象**」であることに気をつけましょう。

例えば "Do you think that schools should hold more sportsevents?" という質問に対して "No, because I don't like sports." と答えたり "Are parents today too protective of their children?" という質問に "Yes, my parents are too protective" などと答えるのは NG です。

このような**個人的な好みや身近な経験・事象などのみで答えても理由として扱われず**、得点できないので要注意です。ただし、これらをサポート文として答えるのは OK。

①4コマ漫画ナレーションでは登場人物の動作と感情を的確に描写する。
②試験によく出題される社会問題について、自分の意見を概念化した客観的な理由を 2 ～ 3 つ挙げて論理的に述べる。個人的な経験のみで答えない。
③語いが思いつかない場合でも易しい単語で表現する。

では次に、これらを踏まえて模擬問題に取り組んでいただきましょう。

面接模擬問題にチャレンジ！

You have **one minute** to prepare.

This is a story about a man who is sensitive to personal information protection.

You have **two minutes** to narrate the story.

Your story should begin with the following sentence.

One day, Mr. Nakayama was at home with his wife.

8日目

二次試験面接

Questions

No.1 Please look at the fourth picture. If you were the woman, what would you be thinking?

< Now, Ms. Sakamoto, please turn over the card and put it down. >

No.2 Do you think that Internet content should be regulated ?

No.3 Do you think that information technologies have a positive impact on people?

No.4 Today, online fraud often becomes a topic for discussion. Do you think more people will do online shopping in the future?

面接模擬問題解答例

モデルナレーション

1 コマ目

One day, Mr. Nakayama was at home with his wife. His wife showed him a newspaper article about a leak of personal information. He was so anxious that he decided to take measures to protect the privacy of his family.

訳 ある日中山さんは妻と家にいました。妻が個人情報の流出の新聞記事を見せました。中山さんはとても心配になって家族のプライバシーを守るために手立てを講じようと思いました。

語注

□ leak 漏えい　　□ take measures to 〜　…するための措置を取る

☞「妻が新聞記事を見せた」ことと、それを見た中山さんが「心配して行動を起こそうと決めたこと」がこのコマのポイントです。

2 コマ目

The next weekend, Mr. Nakayama went to an electronics store. The shop clerk recommended anti-virus software to prevent leaks of personal information. Mr. Nakayama decided to buy it and install the software in his computer.

訳 次の週末、中山さんは電器店に行きました。店員は個人情報の漏えいを防ぐウィルス対策のソフトウェアをすすめました。中山さんはそれを買ってコンピュータにインストールしようと決めました。

語注

☐ anti-virus software　ウィルス対策のソフトウェア

☞ このコマでは「**店員がウィルス対策ソフトウェアをすすめた**」と「**中山さんが買ってインストールすることにした**」がポイントです。

３コマ目

That evening at home, Mr. Nakayama was so worried about leaks of personal information that he told his wife not to use internet banking to avoid risks. Mrs. Nakayama was frustrated because she had to walk all the way to the bank far away from their home.

訳 その夜家で、中山さんは個人情報が漏れることをとても心配し、妻に危険を避けるためにインターネットバンキングをしないように言いました。妻はわざわざ家から遠く離れた銀行に歩いて行かなければならないので困りました。

☞ このコマでは「**夫が心配して妻にネットバンキングを使わないように言う**」これに対し「**妻が大変だから困る**」がポイントです。

４コマ目

On Monday at the office, Mrs. Nakayama's colleague told her that he had found her husband's SNS site full of personal information about him. Mrs. Nakayama was shocked to see the site.

訳 月曜日のオフィスで、中山夫人の同僚が夫が SNS に個人情報を全て載せているのを見つけました。それを見た中山夫人はショックを受けました。

☞ このコマでは「**同僚が夫の個人情報満載の SNS を見つけた**」と「**中山夫人が驚いた**」がポイントです。

No.1 Please look at the fourth picture. If you were the woman, what would you be thinking?

訳 4コマ目の絵を見てください。もしあなたがこの女性だったらどのように思っていますか。

◎解答例 ＜間接話法＞

I would be thinking that it was so careless of him to post personal information on SNS even though he was so nervous that he made me give up using Internet banking.

訳 私にネットバンキングを止めさせるほど神経質だったのにSNSに個人情報を載せてしまうなんてとても不注意だと考えます。

☞ これまでのコマでの話の流れを踏まえ、「**あんなに個人情報が漏れることを恐れていたのにSNSでは無防備とは！**」という気持ちを描写します。また、**直接話法**を用いるのなら次のようになります。

I would be thinking, "He is very careless to post personal information on SNS even though he is so nervous that he made me give up using Internet banking."

このように直接話法なら主節との時制の一致などを気にしなくて良いので、文法ミスの失敗を防ぐことができます。

....

No.2 Do you think that Internet content should be regulated ?

訳 インターネットのコンテンツは規制すべきだと思いますか。

＜賛成例＞

Yes, I think so. Regulations will keep people especially children away from harmful sites including ones for pornography and illegal drugs. This is because children are vulnerable to such sites. It also prevents personal information from leaking.

訳 はい。規制すべきだと思います。規制することで特に子供がポルノや違法ドラッグな

どの有害サイトを見ないようにできます。子供はそのようなサイトに影響されやすいのです。また、個人情報流出も防ぐことができます。

＜反対例＞

No, I don't think so. Regulations will infringe on freedom of expression, discouraging people from exchanging opinions frankly. This would undermine economic activity especially for start-up companies. Besides, it would be ineffective because there are a myriad of content.

訳 いいえ。規制すべきではないと思います。規制することは表現の自由を侵害し、人々が自由に意見を交わせなくします。このことで特に新興企業にとっては経済活動が活発にできなくなります。それにコンテンツは無数にあるので規制の意味がありません。

語注

□ be vulnerable to ～　　～に影響されやすい　　□ infringe on　　～を侵害する
□ exchanging opinions　　意見を交わす
□ start-up company　　新興企業

☞ これは自分の意見を述べるタイプの問題です。ネット規制は賛否両論わかれるところですので、賛成、反対どちらでも理由を挙げやすいです。

No.3 **Do you think that information technologies have a positive impact on people?**

訳 情報技術（つまり IT）は人々に良い影響を与えてきたと思いますか。

＜Yes 例＞

Yes, I think so. Information technologies have facilitated communication between people. For example, the e-learning system offers people more opportunities to learn even if they live in remote places. IT also enables people to see a doctor without going to the hospital. Moreover, IT has facilitated the gathering and exchange of information on the Internet.

訳 はい、そう思います。IT で人々のコミュニケーションがしやすくなりました。例えば E ラーニングは遠くに住んでいる人にも学ぶ機会を増やします。また病院に行かなくても医者の診察を受けることができます。さらにインターネットで情報がすぐに得られるようになりました。

＜No 例＞

No, I don't think so. IT has generated a new crime, cybercrime, which the law has not kept up with. It has also deprived people of opportunities for face-to-face communication. Moreover, the introduction of IT has deprived people of job opportunities through a reduction in labor costs.

> 訳 いいえ、そうは思いません。IT はサイバー犯罪という新しい犯罪を生み出しましたが、法律はそのような犯罪に追いついていません。また IT で対面でのコミュニケーションが減りました。さらに IT の導入で人件費が削減され仕事の機会を奪いました。

語注

□ facilitate　〜しやすくする
□ face-to-face communication　対面コミュニケーション

👉 これは**事象を検証するタイプの問題**です。IT は身近なものであるだけに、個人の経験のみに始終してしまわないよう特に注意しましょう。

No.4　Today, online fraud often becomes a topic for discussion. Do you think more people will do online shopping in the future?

> 訳 今日、オンライン詐欺はよく議論の対象となります。将来ネットショッピングをする人が増えると思いますか

＜Yes 例＞

Yes, I think so. In an aging society, more elderly people will do online shopping from home. Besides, more women will work outside the home and will do online shopping to save time. Moreover, increasing globalization will give people more opportunities to do shopping on the Internet.

> 訳 はい、そう思います。高齢化社会では家でネットショッピングする高齢者が増えます。また、働く女性が増えるので時間節約のために、更にはグローバル化でネットショッピングの機会が増えます。

＜No 例＞

Track 38

No, I don't think so. The number of online shops will not increase so much because brick-and-mortar shops have higher profit margins than online shops. Moreover, some research shows that young people prefer to visit brick-and-mortar shops. People will also come to appreciate face-to-face sales, and get tired of communicating online.

> 訳 いいえ、そうは思いません。実店舗の利益率の方が通販よりも高いのでオンラインショップの数はこれ以上増えないでしょう。さらに、若い世代は実店舗の方を好むという調査があります。またネット上でのやり取りがいやになり、対面販売の良さが分かるようになります。

語注

☐ brick-and-mortar shop　実店舗
☐ have high profit margins　高い利益率を持つ

☞ これは**未来予測タイプの問題**です。「ネットショッピングが増えるか、」という問いは現在と比較して増加するか、ということなので将来も今と同じくらい多い、という意味ではないことに注意しましょう。"No" の意見はデータがなければ難しいので、そんな場合は "Yes" の立場で答えた方が無難ですね。

　さて、いかがでしたか。これで8日間直前対策集中トレーニングは全て終了しました。最後の追い込みで試験モードに入ることは合格するためには必須です。しかし試験合格を最終ゴールとせず、コンスタントに勉強し続けることが真の実力アップにつながるのです。

それでは明日に向かって英語力 UP の道を

　　Let's enjoy the process! (陽は必ず昇る)

8日目 二次試験面接

編著者略歴
植田一三（うえだ・いちぞう）
年齢・性別・国籍を超える英悟の超人（Amortal "Transagenderace" Philosophartist）。英語全資格取得・英語教育書ライター養成アスパイア学長。英語（悟）を通して人間力を高める、Let's enjoy the process!（陽は必ず昇る）を理念に、指導歴 40 年で、英検 1 級合格者を 3 千名以上輩出。出版歴 36 年で、著書は英語・中国語・韓国語・日本語学習書と多岐に渡り 130 冊を超え、多くはアジア 5 か国で翻訳。ノースウェスタン大学修士課程、テキサス大学博士課程留学後、同大学で異文化コミュニケーション指導。オックスフォード大学で Social Entrepreneurship コース修了後、NPO 法人「JEFA（国際社会貢献人材教育支援協会）」主宰。リシケシュでインド政府公認ヨガインストラクター資格取得。比較言語哲学者、世界情勢アナリスト、シンガーソングライターダンサー。

著者略歴
岩間琢磨（いわま・たくま）
医学部予備校講師・アスパイア教材スタッフ。英検 1 級、TOEIC® TEST 985 点、国連英検特 A 級取得。英会話教材、法人向け英語研修教材、TOEIC 模擬問題など数多くの英語教材制作を行い、『英検 2 級 8 日間で一気に合格！』『TOEIC® LISTENING AND READING TEST 730 点突破ガイド』『TOEIC® L&R TEST 990 点突破ガイド リーディング編』『TOEIC® L&R TEST 990 点突破ガイド 英文法・語彙編』『英検 2 級ライティング大特訓』などの執筆に携わる。

上田敏子（うえだ・としこ）
鋭い異文化洞察と芸術的感性で新時代の英語教育界をリードするワンダーウーマン。バーミンガム大学翻訳修士（優秀賞）、アスパイア学際的研究＆英語教育修士（優秀賞）修了後、ケンブリッジ大学、オックスフォード大学で国際関係論コース修了。国連英検特 A 級（優秀賞）、工業英検 1 級（文部科学大臣賞）、ミシガン英検 1 級、観光英検 1 級（優秀賞）、英検 1 級、TOEIC 満点、通訳案内士取得。アスパイア副学長、JEFA[国際社会貢献人材教育支援協会] 副会長であると同時に、アスパイア英検 1 級・国連特 A 級・IELTS 講座講師。著書は 60 冊を超え、代表作は『英検ライティング＆英検面接大特訓シリーズ』、『IELTS & TOEFL iBT 対策シリーズ』、『TOEIC 990 点突破シリーズ』、『英語で説明する日本の文化シリーズ』、『外国人がいちばん知りたい和食のお作法』。

中坂あき子（なかさか・あきこ）
アスパイア英語教育書＆教材制作・翻訳部門の主力メンバー。英検 1 級取得。トロント大学に留学後、名門府立高校で約 23 年間、英語講師を務める。美学と音楽に造詣が深く、高い芸術性を教材作りとティーチングに活かした新時代のエジュケーショナルアーティスト。主な著書に『スーパーレベル類語使い分けマップ』、『英語ライティング至高のテクニック 36』、『真の英語力を身につける 英文法・語法完全マスター』、『英検 1 級最短合格！リーディング問題完全制覇』、『英検 ®1 級ライティング大特訓』、『英語の議論を極める本』、『英検 ®1 級完全攻略必須単語 1750』、『Take a Stance』などがある。

英検® 準1級 8日間で一気に合格！

2024 年 4 月 23 日 初版発行
2024 年 6 月 12 日 第 4 刷発行

編著	植田一三
発行者	石野栄一
発行	明日香出版社

〒 112-0005 東京都文京区水道 2-11-5
電話 03-5395-7650
https://www.asuka-g.co.jp

デザイン	西垂水敦 + 市川さつき（krran）
本文イラスト	ひらのんさ
英文校正	Stephen Boyd
印刷・製本	シナノ印刷株式会社

巻末付録

これだけは覚えよう！必須語いグループ 100

フラッシュカードで

99 ○	政府を倒す ( ) the government
100 ○	健康を損なう ( ) his health

みるみる身につく！

巻末付録の使い方

巻末付録には、英検準1級合格のために必要な単語力を最短で身につけるために、グループで覚えられるフラッシュカードを用意しました。使い方は次の通りです。

① 3〜16ページまでを、1ページずつ切り離しましょう。
② リストの太い線を切って、1枚ずつのカードにしましょう。
③ 必要に応じて、パンチで穴をあけましょう。（○を目印に）
④ フラッシュカードの完成です！

カードの表には、日本語と空欄のある英語フレーズが書いてあります。
裏には空欄に入るいくつかの単語が書いてあります。

ひとつの日本語に対して、できるだけたくさんの英単語が思い浮かぶように、持ち歩いてトレーニングしましょう！

英検準1級でも、問題と選択肢が違う単語で言い換えられることがたくさんありますが、このフラッシュカードは非常に効果的な対策になります。ぜひ活用してくださいね！
Good luck!!

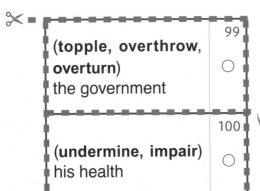

	99
(topple, overthrow, overturn) the government	○
(undermine, impair) his health	100 ○

1 ○	すばやい登山家 ( ) climbers	8 ○	筋の通った意見 a ( ) argument
2 ○	明らかな失敗 ( ) failure	9 ○	あっぱれな行為 a(n) ( ) deed
3 ○	熱烈な支持者 ( ) supporters	10 ○	創意工夫に富む考え a(n) ( ) idea
4 ○	壮大な眺め a ( ) view	11 ○	重要な役割 a(n) ( ) role
5 ○	活況の経済 a ( ) economy	12 ○	熱心なクリスチャン ( ) Christians
6 ○	慎重な実業家 a ( ) businessperson	13 ○	従順な生徒 ( ) students
7 ○	慈悲深い振る舞い a ( ) attitude	14 ○	有名な学者 ( ) scholars

a (**coherent, consistent, rational**) argument	8 ○	(**agile, nimble**) climbers	1 ○
a(n) (**commendable, admirable, respectable**) deed	9 ○	(**apparent, evident, manifest**) failure	2 ○
a(n) (**ingenious, innovative**) idea	10 ○	(**ardent, passionate, enthusiastic**) supporters	3 ○
a(n) (**crucial, critical, vital, essential**) role	11 ○	a (**breathtaking, magnificent, splendid, spectacular**) view	4 ○
(**devout, pious, dedicated**) Christians	12 ○	a (**brisk, booming, robust**) economy	5 ○
(**docile, obedient**) students	13 ○	a (**cautious, prudent, discreet**) businessperson	6 ○
(**eminent, prominent, renowned, distinguished**) scholars	14 ○	a (**charitable, benevolent, humane**) attitude	7 ○

15 ○	実行可能な計画 a (　　　) plan	22 ○	元気の出る運動 (　　　) exercise
16 ○	面白い本 a(n) (　　　) book	23 ○	ものすごい成長 a (　　　) growth
17 ○	堂々とした態度 a (　　　) manner	24 ○	粘り強い努力 (　　　) efforts
18 ○	独特なスタイル a(n) (　　　) style	25 ○	熱心な労働者 a(n) (　　　) worker
19 ○	賢いアナリスト (　　　) analysts	26 ○	ばかげた考え a(n) (　　　) idea
20 ○	敏速な活動 (　　　) action	27 ○	あいまいな返事 an (　　　) answer
21 ○	衛生的なレストラン (　　　) restaurants	28 ○	横柄な態度 a(n) (　　　) attitude

(**invigorating, stimulating, rejuvenating**) exercise	22 ○	a (**feasible, viable, practicable**) plan	15 ○
a (**substantial, staggering, striking, marked**) growth	23 ○	a(n) (**engrossing, intriguing, diverting**) book	16 ○
(**tenacious, strenuous, persevering**) efforts	24 ○	a (**majestic, dignified, commanding**) manner	17 ○
a(n) (**zealous, dedicated, committed, industrious**) worker	25 ○	a(n) (**original, eccentric, distinctive**) style	18 ○
a(n) (**absurd, ridiculous**) idea	26 ○	(**perceptive, acute, keen**) analysts	19 ○
an (**ambiguous, evasive, obscure**) answer	27 ○	(**prompt, swift, speedy**) action	20 ○
a(n) (**insolent, arrogant, impudent, haughty**) attitude	28 ○	(**sanitary, hygienic**) restaurants	21 ○

29 ○	暗い見通し a ( ) outlook	36 ○	太った人々 ( ) people
30 ○	きつい仕事 ( ) work	37 ○	古くさい兵器 ( ) weapons
31 ○	屈辱的な経験 a ( ) experience	38 ○	不吉な前兆 ( ) signs
32 ○	気紛れな恋人 ( ) boyfriend	39 ○	いまわしい犯罪 ( ) crime
33 ○	怒った抗議者 ( ) protesters	40 ○	率直な批判家 ( ) critics
34 ○	生まれつきの能力 an ( ) ability	41 ○	服にうるさい ( ) about clothes
35 ○	乏しい予算 a ( ) budget	42 ○	内気な女性 a(n) ( ) lady

(obese, plump, stout, overweight) people	36 ○	a **(bleak, dismal, gloomy)** outlook	29 ○
(obsolete, outmoded, outdated) weapons	37 ○	**(demanding, strenuous)** work	30 ○
(ominous, sinister, evil) signs	38 ○	a **(humiliating, demeaning, mortifying)** experience	31 ○
(outrageous, shocking, wicked) crime	39 ○	**(capricious, fickle, changeable, whimsical)** boyfriend	32 ○
(candid, straightforward, outspoken) critics	40 ○	**(resentful, furious, enraged, indignant)** protesters	33 ○
(discriminating, choosy, selective, fussy, picky) about clothes	41 ○	an **(innate, inherent, intrinsic)** ability	34 ○
a(n) **(reserved, withdrawn, timid, unassertive)** lady	42 ○	a **(meager, scanty, shoestring)** budget	35 ○

43 ○	非情な独裁者 a (　　　) dictator	50 ○	悲痛な経験 a(n) (　　　) experience
44 ○	恐ろしい話 a (　　　) story	51 ○	知識を吸収する (　　　) knowledge
45 ○	不況の経済 a (　　　) economy	52 ○	人の痛みを和らげる (　　　) my pain
46 ○	多感な少女 (　　　) girls	53 ○	その計画にお金を割り当てる (　　　) the money for the plan
47 ○	取るに足らない事柄 a (　　　) matter	54 ○	法律を修正する (　　　) the law
48 ○	独裁政府 a (　　　) government	55 ○	財を築く (　　　) a fortune
49 ○	必然的な結論 an (　　　) conclusion	56 ○	国王に慈悲を請う (　　　) the king for mercy

9

a(n) **(traumatic, agonizing, tormenting)** experience	50 ○	a **(merciless, ruthless, heartless, cruel)** dictator	43 ○
(absorb, assimilate, soak up) knowledge	51 ○	a **(dreadful, scary, horrifying, horrid)** story	44 ○
(alleviate, mitigate, soothe) my pain	52 ○	a **(stagnant, sluggish)** economy	45 ○
(allocate, allot) the money for the plan	53 ○	**(susceptible, vulnerable, impressionable)** girls	46 ○
(alter, amend, modify, revise) the law	54 ○	a **(trifling, negligible, marginal)** matter	47 ○
(amass, accumulate) a fortune	55 ○	a **(tyrannical, dictatorial, authoritarian)** government	48 ○
(solicit, plead with, appeal to) the king for mercy	56 ○	an **(unavoidable, inevitable)** conclusion	49 ○

57 ○	儀式を始める （　　）the ceremony	64 ○	繁栄産業 a（　　）industry
58 ○	事態を改善する （　　）the situation	65 ○	その問題に取り組む （　　） with the problem
59 ○	ビーナスの誕生を描く （　　）the birth of Venus	66 ○	太陽エネルギーを使う （　　）solar power
60 ○	説を広める （　　）the belief	67 ○	紛争を調停する （　　）the dispute
61 ○	善悪を識別する （　　）good from evil	68 ○	問題を熟考する （　　）the matter
62 ○	法律を制定する （　　）a law	69 ○	部屋を花で飾る （　　）a room with flowers
63 ○	素晴らしい演技に魅了される be（　　）by the wonderful performance	70 ○	名誉を挽回する （　　）my honor

a (**flourishing, thriving, booming**) industry	64 ○	(**commence, inaugurate**) the ceremony	57 ○
(**grapple, wrestle, contend**) with the problem	65 ○	(**correct, remedy, rectify**) the situation	58 ○
(**harness, utilize, exploit**) solar power	66 ○	(**depict, portray, represent**) the birth of Venus	59 ○
(**reconcile, mediate, resolve**) the dispute	67 ○	(**disseminate, circulate**) the belief	60 ○
(**contemplate, meditate on**) the matter	68 ○	(**distinguish, differentiate, discern**) good from evil	61 ○
(**ornament, adorn, embellish**) a room with flowers	69 ○	(**enact, enforce, implement**) a law	62 ○
(**redeem, retrieve, regain, recover**) my honor	70 ○	be (**enchanted, fascinated, captivated**) by the wonderful performance	63 ○

71 ○	古いビルを改装する (·) the old building	78 ○	犯罪人として非難される be ( ) as a criminal
72 ○	労働条件を規定する ( ) the working conditions	79 ○	川をゴミで汚染する ( ) the river with garbage
73 ○	旧制度に取って代わる ( ) the old system	80 ○	ライバルと競う ( ) my rival
74 ○	ライバルを抜く ( ) the competitors	81 ○	崩れていく組織 a ( ) organization
75 ○	ぶらぶら歩く旅行者 a ( ) traveler	82 ○	不況に陥る ( ) into a recession
76 ○	法律を廃止する ( ) the law	83 ○	人をだましてその商品を 買わせる ( ) someone into buying the item
77 ○	会議を延期する ( ) the meeting	84 ○	彼の死を悲しむ ( ) his death

be (**denounced, condemned, censured**) as a criminal	78 ○	(**renovate, refurbish, remodel**) the old building	71 ○
(**contaminate, pollute**) the river with garbage	79 ○	(**stipulate, specify**) the working conditions	72 ○
(**contend with, compete with**) my rival	80 ○	(**supplant, displace, replace**) the old system	73 ○
a (**crumbling, disintegrating**) organization	81 ○	(**surpass, exceed**) the competitors	74 ○
(**deteriorate, degenerate**) into a recession	82 ○	a (**wandering, roaming, rambling**) traveler	75 ○
(**deceive**, delude, trick, **beguile**) someone into buying the item	83 ○	(**revoke, repeal, abolish**) the law	76 ○
(**deplore, mourn, lament**) his death	84 ○	(**adjourn**, postpone, **delay**) the meeting	77 ○

85 ◯	町を破壊する (　　　) the town	92 ◯	怒りを抑える (　　　) my anger
86 ◯	秘密を暴露する (　　　) the secret	93 ◯	他の人々から隔離される be (　　　) from other people
87 ◯	減少する資源 (　　　) resources	94 ◯	子供を甘やかす (　　　) a child
88 ◯	アリバイをでっちあげる (　　　) an alibi	95 ◯	その知らせに仰天する be (　　) by the news
89 ◯	動きを妨げる (　　) the movement	96 ◯	人をおだてて その仕事をさせる (　　) someone into the business
90 ◯	問題に悩まされる be (　　　) by problems	97 ◯	機械をいじくる (　　　) with the machine
91 ◯	他人事に干渉する (　　　) other people's business	98 ◯	彼の権利を侵害する (　　　) on his rights

(repress, suppress, contain, restrain) my anger	92 ○	**(devastate, ravage, demolish)** the town	85 ○
be **(secluded, insulated)** from other people	93 ○	**(disclose, expose, reveal)** the secret	86 ○
(pamper, spoil, indulge) a child	94 ○	**(dwindling, diminishing, shrinking)** resources	87 ○
be **(staggered, stunned, astonished)** by the news	95 ○	**(forge, fabricate)** an alibi	88 ○
(tempt, seduce, entice, lure) someone into the business	96 ○	**(hamper, hinder, inhibit)** the movement	89 ○
(tinker, fiddle) with the machine	97 ○	be **(annoyed, plagued, tormented, harassed)** by problems	90 ○
(trespass, infringe) on his rights	98 ○	**(meddle in, interfere in)** other people's business	91 ○